Kunst- und Kulturmanagement

Herausgegeben von
A. Hausmann, Frankfurt (Oder), Deutschland

Ziel der Reihe „Kunst- und Kulturmanagement" ist es, Studierende, Wissenschaftler, Kunst- und Kulturmanager sowie sonstige Interessierte in komprimierter Weise in das Fachgebiet einzuführen und mit den wesentlichen Teilgebieten vertraut zu machen. Durch eine abwechslungsreiche didaktische Aufbereitung und die Konzentration auf die wesentlichen Methoden und Zusammenhänge soll dem Leser ein fundierter Überblick gegeben sowie eine rasche Informationsaufnahme und -verarbeitung ermöglicht werden. Die Themen der einzelnen Bände sind dabei so gewählt, dass sie den gesamten Wissensbereich des modernen Kunst- und Kulturmanagement abbilden. Für die Studierenden muss eine solche Reihe abgestimmt sein auf die Anforderungen der neuen Bachelor- und Masterstudiengänge. Die (auch prüfungs-)relevanten Teilgebiete des Fachs „Kunst- und Kulturmanagement" sollen daher abgedeckt und in einer komprimierten, systematisch aufbereiteten und leicht nachvollziehbaren Form dargeboten werden. Für bereits im Berufsleben stehende Kunst- und Kulturmanager sowie sonstige Interessierte muss die Reihe den Anforderungen gerecht werden, die eine arbeits- und zeitintensive Berufstätigkeit mit sich bringt: Kurze und prägnante Darstellung der wichtigsten Themen bei Sicherstellung aktueller Bezüge und eines qualitativ hochwertigen Standards. Es ist unbedingter Anspruch der jeweiligen Autorenbücher, diesen Interessenslagen gerecht zu werden. Dabei soll neben einer sorgfältigen theoretischen Fundierung immer auch ein hoher Praxisbezug gewährleistet werden.

Herausgegeben von
Andrea Hausmann
Europa-Universität Viadrina
Frankfurt (Oder),
Deutschland

Carsten Baumgarth · Marina Kaluza
Nicole Lohrisch

Markenaudit für Kulturinstitutionen

Ganzheitliches Tool zur Analyse und Professionalisierung der Markenführung im Kultursektor

Prof. Dr. Carsten Baumgarth
Marina Kaluza
Nicole Lohrisch

Hochschule für Wirtschaft und Recht
Berlin, Deutschland

ISBN 978-3-658-01645-6   ISBN 978-3-658-01646-3 (eBook)
DOI 10.1007/978-3-658-01646-3

Die Deutsche Nationalbibliothek verzeichnet diese Publikation in der Deutschen Nationalbibliografie; detaillierte bibliografische Daten sind im Internet über http://dnb.d-nb.de abrufbar.

Springer VS
© Springer Fachmedien Wiesbaden 2014
Das Werk einschließlich aller seiner Teile ist urheberrechtlich geschützt. Jede Verwertung, die nicht ausdrücklich vom Urheberrechtsgesetz zugelassen ist, bedarf der vorherigen Zustimmung des Verlags. Das gilt insbesondere für Vervielfältigungen, Bearbeitungen, Übersetzungen, Mikroverfilmungen und die Einspeicherung und Verarbeitung in elektronischen Systemen.

Die Wiedergabe von Gebrauchsnamen, Handelsnamen, Warenbezeichnungen usw. in diesem Werk berechtigt auch ohne besondere Kennzeichnung nicht zu der Annahme, dass solche Namen im Sinne der Warenzeichen- und Markenschutz-Gesetzgebung als frei zu betrachten wären und daher von jedermann benutzt werden dürften.

Lektorat: Dr. Cori Mackrodt, Stefanie Loyal

Gedruckt auf säurefreiem und chlorfrei gebleichtem Papier

Springer VS ist eine Marke von Springer DE. Springer DE ist Teil der Fachverlagsgruppe
Springer Science+Business Media.
www.springer-vs.de

Stimmen zu MAK

„Die ApunktMpunkt Werbeagentur betreut den Wintergarten Berlin seit seiner Eröffnung 1992. Die Kommunikation baut auf ein integriertes Dachmarkenkonzept, klassische Werbung und neue Medien. Bewegte Bilder zeigen bewegende Moment, Kooperationen und Medienpartnerschaften stärken die öffentliche Wahrnehmung. Um die Marke Wintergarten erfolgreich am hart umkämpften Berliner Kulturmarkt halten zu können, ist ein ständiger Austausch mit dem Kunden aber auch eine Sicht von Dritten wichtig, die neutral und unabhängig die Kommunikationsstrategie auf den Prüfstand stellen. Der Aufbau eines Markenaudits für Kulturinstitutionen ist genauso spannend, wie die abwechslungsreiche Kulturlandschaft Berlins. Wir haben die Anregungen der Hochschule für Wirtschaft und Recht Berlin gern angenommen und werden zukünftig noch stärker an der strategischen Ausrichtung der Kulturmarke Wintergarten Berlin arbeiten. Natürlich gibt es keine Garantien für den Erfolg einer Kulturmarke und über Geschmack lässt sich trefflich streiten – aber die Erfolgsfaktoren zu sondieren und zu optimieren, soll noch möglichst lang unsere Aufgabe sein. Denn nur der Erfolg unseres Kunden kann auch unser Erfolg sein. Wir wünschen dem weiteren Aufbau des Audits viel Erfolg."

Frank Müller
(Geschäftsführer ApunktMpunkt)

„Intensiv, kompetent, strukturierend und praxisnah – das Markenaudit der HWR Berlin war für C/O Berlin äußerst erkenntnisreich und gewinnbringend. Denn in diesem Projekt verbinden sich betriebswirtschaftliches Wissen und Erfahrungen mit den besonderen Eigenschaften des Kultursektors. In dem Prozess der Analyse wurde die Markenorientierung von C/O Berlin umfassend auf unterschiedlichen Ebenen evaluiert und die Relevanz einzelner Kommunikationsthemen bewertet. Diese individuelle, an unsere Kulturinstitution angepasste Untersuchung bietet uns die wissenschaftlich fundierte Grundlage zur Sicherung und Optimierung bisheriger Maßnahmen und enthält klare Handlungsempfehlungen für die Erweiterung unserer Markenkommunikation."

Mirko Nowak
(Kommunikation- und PR-Verantwortlicher C/O Berlin)

„Am Anfang war ich skeptisch, ob solch ein Marketinginstrument sinnvoll anwendbar ist auf eine kleinere Kultureinrichtung. Nach der Präsentation fand ich das Audit bzw. seine Ergebnisse für unser Museum und das Team sehr anregend. Man sieht die zu lösenden Aufgaben klarer, auch wenn die Probleme in Bezug auf die öffentliche Präsenz der eigenen Institution nicht unbedingt neu sind. Die positiven und die kritischen Punkte werden differenziert erkennbar und rücken so stärker ins Bewusstsein und dann auch in die Handlungsebene."

Renate Flagmeier
(Leitende Kuratorin Werkbundarchiv – Museum der Dinge)

Vorwort

„Unser Museum setzt seit vielen Jahren das immer gleiche Logo ein. Dann sind wir doch eine starke Kulturmarke?", „Warum soll ich mich als Intendant mit so etwas Schnödem wie Marke auseinandersetzten. Dafür haben wir doch eine Kommunikationsabteilung!", „Warum kennt und besucht uns keiner außerhalb der klassischen Konzertbesucher?", „Wir würden ja gerne so attraktiv wie *Apple* oder *MoMA* sein, aber wie können wir das erreichen und wo stehen wir aktuell?"

Das vorliegende Buch, welches aus dem Forschungsprojekt „Markenorientierung im Kultursektor" (www.mo-kultur.de), – einem von 2012 bis 2013 vom Europäischem Sozialfond (ESF) und dem Berliner Senat geförderten Projekt – resultiert, liefert Antworten auf diese und weitere Fragen.

Das in diesem Buch vorgestellte Tool „Markenaudit für Kulturinstitutionen" – kurz **MAK** – wurde im Rahmen des Projektes entwickelt und zusammen mit den Partnern aus unserem „Kulturpool" getestet und aufbauend auf den praktischen Erfahrungen immer weiter verfeinert und verbessert. Wir danken unserem Kulturpool, explizit *C/O Berlin, DDR Museum, Deutsches Technikmuseum, Käthe-Kollwitz-Museum Berlin, Museum für Kommunikation, Sophiensaele, Werkbundarchiv – Museum der Dinge und Wintergarten Varité* für die vielen Impulse, die interessanten Einblicke in die praktische Markenarbeit und auch die Restriktionen der Markenführung im Kulturumfeld, die persönlichen Gespräche sowie die Möglichkeiten eines echten „Action Research".

Das Tool und das vorliegende Buch sind aber auch nur deshalb möglich, da uns eine Vielzahl von Personen unterstützt hat. Wir danken ganz herzlich der ehemaligen Projektmitarbeiterin Julia Pfefferkorn und unseren wissenschaftlichen Hilfskräften Charlotte Valentin, Jonas Hammes, Maike Hoffmann, Jennifer Köhler, Tatsiana Mandel, Marena Seidel und Arne Viebrock. Weiterhin haben die Teilnehmer der AIMAC-Konferenz 2013 (Bogota/Kolumbien) wertvolle Impulse für den Feinschliff des Tools geliefert.

Schließlich danken wir Frau Prof. Dr. Andrea Hausmann (Viadrina-Universität Frankfurt/Oder) für die Aufnahme des Buches in ihre Schriftenreihe „Kunst- und Kulturmanagement".

Wir hoffen, dass das vorliegende Tool für viele Kulturinstitutionen ein praktikables Instrument auf dem Weg zu einer starken Kulturmarke ist. Wir freuen uns über jeden Austausch mit Ihnen. Am Besten erreichen Sie uns unter folgenden Koordinaten:

Prof. Dr. Carsten Baumgarth
HWR Berlin
www.cbaumgarth.net
Tel.: +49 (0)30 30 877 1481
E-Mail: carsten.baumgarth@hwr-berlin.de

Berlin, August 2013   Carsten Baumgarth, Marina Kaluza & Nicole Lohrisch

Inhaltsverzeichnis

Stimmen zu MAK 5

Vorwort 7

Abbildungsverzeichnis 13

Tabellenverzeichnis 15

Praxisbeispieleverzeichnis 17

**1 Marke im Kulturbereich:
Nachhaltiges Erfolgskonzept oder der nächste Hype? 19**
  1.1 Was ist eine Marke für Kulturinstitutionen? 19
  1.2 Besonderheiten der Marke im Kultursektor 22
    1.2.1 Fundamentale Besonderheiten 23
    1.2.2 Temporäre Besonderheiten 28
  1.3 Argumente zur Relevanz des Markenkonzeptes für
      Kulturinstitutionen 31
    1.3.1 Argumente für einen Hype 31
    1.3.2 Argumente für ein nachhaltiges Erfolgskonzept ... 33
  1.4 Zwischenfazit: Notwendigkeit eines holistischen und
      kulturspezifischen Markenverständnisses 36

2 Audits im Marketing- und Markenbereich 39
  2.1 Begriff, Konzept und Funktionen eines Markenaudits 39
  2.2 Einordnung von Markenaudits in das Markencontrolling ... 41

2.3 Überblick bestehender Marketing- und Markenaudits 42

3 Markenmodell als Basis von MAK 53

3.1 Überblick 53

3.2 Markenfaktoren, -dimensionen und -indikatoren 54

    3.2.1 Potentialfaktoren 54
        3.2.1.1 Markenorientierung 54
        3.2.1.2 Positionierung 58
        3.2.1.3 Markenstrategie 61
        3.2.1.4 Markenorganisation 64
        3.2.1.5 Interne Markenführung 66
        3.2.1.6 Markentools 69

    3.2.2 Markenkontaktpunkte 73
        3.2.2.1 Branding 73
        3.2.2.2 Kern- und Zusatzleistungen 78
        3.2.2.3 Kommunikation 80
        3.2.2.4 Freundeskreis und sonstige Beteiligungsmöglichkeiten 87
        3.2.2.5 Shop und Gastronomie 90
        3.2.2.6 Markenanreicherung 93

    3.2.3 Markenperformance 96
        3.2.3.1 Markenstärke bei Besuchern 97
        3.2.3.2 Markenstärke Öffentlichkeit 101
        3.2.3.3 Besuchszahlen 103

3.3 MAK-Markenmodell 105

4 Umsetzung des MAKs 107

4.1 MAK-Prozess 107

4.2 Vorbereitung 109

4.3 Datenerhebung und Informationsquellen 112
    4.3.1 Überblick 112
    4.3.2 Sekundär- und Primärforschung 113
    4.3.3 Ausgewählte Datenerhebungsmethoden 115

4.4	Operationalisierung, Skalen und Beurteilung	120
4.5	Ergebnisermittlung und -kommunikation	124
4.5.1	Ergebnisdarstellung	124
4.5.2	Ergebnisworkshop und Nachhaltigkeit	125

5 Validierung und Erweiterung des MAKs ... 127

5.1	Validierung und Qualitätssicherung	127
5.1.1	Allgemeine Prinzipien zur Durchführung von Audits	127
5.1.2	Expertenvalidierung	129
5.1.3	Reliabilität und Validität der MAK-Ergebnisse	129
5.2	QuickCheck als Erweiterung des MAKs	132

6 Schlussbetrachtung ... 135

6.1	Zusammenfassung und Empfehlungen für das Kulturmanagement	135
6.2	Grenzen und Ausblick	138

Literaturverzeichnis ... 141

Abbildungsverzeichnis

Abbildung 1:   Blind- und Offener Test am Beispiel Historischer Museen 21

Abbildung 2:   Blind- und Offener Test am Beispiel Kunstmuseen 22

Abbildung 3:   Potential- und nutzenorientierte Kommunikation von
               Kulturanbietern 25

Abbildung 4:   Ausgewählte Stakeholdergruppen eines Theaters 26

Abbildung 5:   Brandingbrüche durch Intendanzwechsel 29

Abbildung 6:   Qualität der Markenführung als Erfolgstreiber für Museen 35

Abbildung 7:   Markenorientierung als Merkmal erfolgreicher Museen 36

Abbildung 8:   Dachmarkenstrategie *Wintergarten Berlin* 63

Abbildung 9:   Ausgewählte Brandingelemente
               MuseumsQuartier Wien (MQ) 77

Abbildung 10: Online-Magazin *SchirnMAG* 86

Abbildung 11: Ausgewählte Produkte des Shops des *DDR Museums* 93

Abbildung 12: Markenstärkemodell für Kulturinstitutionen 97

Abbildung 13: Entwicklung der Besuchszahlen des *Anne Frank Hauses* 105

Abbildung 14: MAK-Markenmodell 106

Abbildung 15: MAK-Prozess 108

Abbildung 16: MAK-Zeitplan 112

Abbildung 17: Beispiel für einen Flyer im Rahmen des
Online-Branding-Tests 118

Abbildung 18: Beispiel für die Wiedererkennungsabfrage im Rahmen
des Online-Branding-Tests 119

Abbildung 19: Schematischer Ablauf eines Scoringmodells 122

Abbildung 20: MAK-Scoringmodell 123

Abbildung 21: Visualisierung des MAK-Ergebnisses 124

Abbildung 22: Screenshots des QuickChecks 133

Tabellenverzeichnis

Tabelle 1: Vergleich von Markenaudit und Markencontrolling 42

Tabelle 2: Überblick Marketing- und Markenauditansätze 49

Tabelle 3: Spektrum möglicher Besuchererlebnisse 59

Tabelle 4: Kern- und Zusatzleistungen von Kulturanbietern 61

Tabelle 5: Formen der Mitarbeiterkommunikation im Kulturbereich 84

Tabelle 6: Markenstärke ausgewählter Museen aus Sicht
der Berliner Bevölkerung 100

Tabelle 7: Beurteilung des *Pergamonmuseums* auf
Social Media-Plattformen (Stand: 30.05.2013) 100

Tabelle 8: Besuchszahlen Berliner Museen 101

Tabelle 9: Checkliste MAK-Vorbereitungsphase 109

Tabelle 10: Überblick der Datenerhebungsmethoden des MAKs 113

Tabelle 11: Sekundärquellen des MAKs 114

Tabelle 12: MAK-Beurteilungsbogen (Auszug) 121

Tabelle 13: Umsetzung von allgemeinen Auditprinzipien im MAK 127

Tabelle 14: MAK-Ergebnisse von zwei unabhängigen Auditteams
(Reliabilität) 130

Tabelle 15: Vergleich von MAK und QuickCheck (Validität) 131

Praxisbeispieleverzeichnis

Praxisbeispiel 1:	Markenorientierung *C/O Berlin*	57
Praxisbeispiel 2:	Markenpositionierung *Vitra Design Museum*	60
Praxisbeispiel 3:	Markenstrategie *Wintergarten Berlin*	62
Praxisbeispiel 4:	Markenorganisation *Konzerthaus Berlin*	66
Praxisbeispiel 5:	Interne Markenführung *Freilichtmuseum Kiekeberg*	68
Praxisbeispiel 6:	Markentools *Jüdisches Museum Berlin*	72
Praxisbeispiel 7:	Branding *MuseumsQuartier Wien*	76
Praxisbeispiel 8:	Kern- und Zusatzleistungen *Deutsches Hygiene Museum Dresden*	79
Praxisbeispiel 9:	Kommunikation *Schirn Kunsthalle Frankfurt*	85
Praxisbeispiel 10:	Freundeskreis und Beteiligungsmöglichkeiten *Kunsthalle Hamburg*	89
Praxisbeispiel 11:	Shop und Gastronomie *DDR Museum Berlin*	92
Praxisbeispiel 12:	Markenanreicherung *Museum of Modern Art (MoMA)*	95
Praxisbeispiel 13:	Markenstärke bei Besuchern *Pergamonmuseum*	99
Praxisbeispiel 14:	Markenstärke in der Öffentlichkeit *Tate*	102
Praxisbeispiel 15:	Besuchszahlen *Anne Frank Haus*	104

1 Marke im Kulturbereich: Nachhaltiges Erfolgskonzept oder der nächste Hype?

Bevor das Tool Markenaudit für Kulturinstitutionen (**MAK**) ausführlich vorgestellt wird, muss geklärt werden, was überhaupt eine Marke ist, welche Besonderheiten Marken im Kultursektor aufweisen, und ob es sich beim Markenkonzept um eine kurzfristige Modeerscheinung oder um ein Konzept zur nachhaltigen Entwicklung und zum Überleben von Kulturinstitutionen handelt.

1.1 Was ist eine Marke für Kulturinstitutionen?

Seit Anbeginn der wissenschaftlichen Auseinandersetzung mit dem Konzept Marke herrscht Unklarheit über diesen Begriff (z. B. Baumgarth 2008a, S. 1 ff.). Exemplarisch konnten de Chernatony/Riley (1998) in einer Expertenbefragung insgesamt 15 verschiedene Definitionsansätze identifizieren. Diese reichen von der Gleichsetzung mit dem Logo und der Interpretation von Marke als Rechtsgut über eine managementorientierte Sichtweise wie Identität oder Positionierung bis hin zu verschiedenen Markenwirkungen wie Risikominimierung, Zusatznutzen, Beziehung oder auch Goodwill.

Dem vorliegenden Buch liegt eine besucherbezogene (synonym: wirkungs- oder nachfragerbezogene) Sichtweise von Marke zugrunde. Danach sind alle Kulturinstitutionen, welche die **Besucher** als Marke **empfinden**, tatsächlich eine Marke im Kulturbereich (ähnlich Berekoven 1978). Durch diese Definition rücken die aus Sicht der Kulturinstitution positiven Wirkungen beim (potentiellen) Besucher in den Mittelpunkt. Das Hauptproblem dieses Definitionsansatzes besteht in der Operationalisierung der (positiven) Wirkungen. Dabei ist sowohl die Festlegung der Wirkungsdimensionen als auch deren Ausmaß diskussionswürdig. Die Durchsicht der verschiedenen Markenstärkemodelle (zum Überblick Salinas 2009; speziell für den Kultur- und Kunstbereich Baumgarth/Kolomoyschenko

2012; Camarero/Garrido/Vicente 2010; Clement/Völckner/Granström/van Dyk 2008) lässt insbesondere die folgenden Wirkungsdimensionen für Marken im Kulturbereich erkennen:

- Hoher Bekanntheitsgrad (Einheimische, Touristen)
- Differenzierendes Image und wahrgenommene Qualität
- Präferenz (z. B. Besuchsabsicht)
- Loyalität (Weiterempfehlung, Wiederbesuchsabsicht)

Der besucherbezogene Ansatz versteht unter einer Marke alle Kulturinstitutionen, die beim (potentiellen) Besucher im Vergleich zu Wettbewerbsangeboten einen höheren Bekanntheitsgrad, ein differenzierendes Image und eine höhere wahrgenommene Qualität, stärkere Präferenzen und eine höhere Loyalität erzielen.

Die differenzierende und Präferenzen schaffende Kraft von Marken im Kulturbereich lässt sich anlehnend an den berühmten *Coca-Cola/Pepsi*-Test empirisch durch einen Vergleich von **Blindtest** und **offenem Test** nachweisen. Dazu wurde eine Onlinebefragung zur Auswahl von Kulturangeboten durchgeführt. Den insgesamt 104 Teilnehmern (Rücklaufquote: 46 %) wurden jeweils zwei Alternativen in drei verschiedenen Kulturbereichen (Historisches Museum, Klassisches Konzert, Kunstmuseum) vorgelegt und sie mussten jeweils eine davon auswählen. Folgende Angebote standen zur Auswahl:

- Historisches Museum: *Pergamonmuseum* (Ausstellung: „Meisterwerke aus dem Serail") oder *Ethnologisches Museum Berlin* (Ausstellung: „Mythos Goldenes Dreieck")
- Klassische Musik: *Berliner Philharmoniker* (Konzert: „*Gustav Mahler*, Nr. 2 c- Moll, ‚Auferstehung'") oder *Rundfunk-Sinfonie Orchester Berlin* (Konzert: „*Wolfgang Amadeus Mozart*, Konzert für Klavier und Orchester, B-Dur, KV 595")
- Kunstmuseum: *MoMA* (Ausstellung: „*Claes Oldenburg*") oder *New Museum* (Ausstellung: „*Isa Genzken*")

Dabei wurde die jeweilige Kulturleistung (Ausstellung bzw. Konzert) einmal mit Nennung der Kulturmarke (z. B. *Pergamonmuseum*) und einmal ohne präsentiert, wobei durch einen Zufallsgenerator jeder Teilnehmer nur eine der beiden Alternativen vorgestellt bekam. Um die Realitätsnähe des Experiments sicherzustellen, wurden reale Kulturleistungen der jeweiligen Häuser ausgewählt, wobei zu erwarten war, dass die Teilnehmer diese konkreten Ausstellungen oder

Konzerte nicht kannten. Bei den beiden Museumsleistungen wurden jeweils eine starke Marke (*Pergamonmuseum, MoMA*) und eine schwache Marke (*Ethnologisches Museum, New Museum*) ausgewählt. Bei der klassischen Musik hingegen wurden zwei Berliner Orchester ausgewählt, die sich in Bezug auf die Markenstärke in der Allgemeinen Bevölkerung nicht so stark voneinander unterscheiden. Die Abbildungen 1 und 2 zeigen die Ergebnisse des Experiments für die beiden Museen. Bei der Konzertentscheidung gab es folgende Unterschiede:

- Blindtest: *Berliner Philharmoniker*: 47 %
  Rundfunk-Sinfonie Orchester Berlin: 53 %
- Offener Test: *Berliner Philharmoniker*: 54 %
  Rundfunk-Sinfonie Orchester Berlin: 46 %

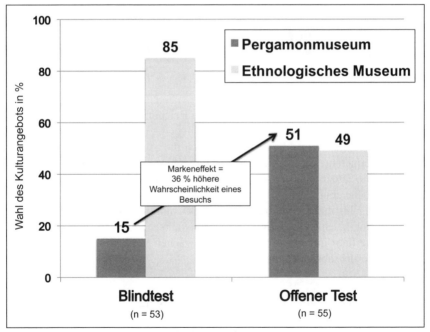

Abbildung 1: Blind- und Offener Test am Beispiel Historischer Museen

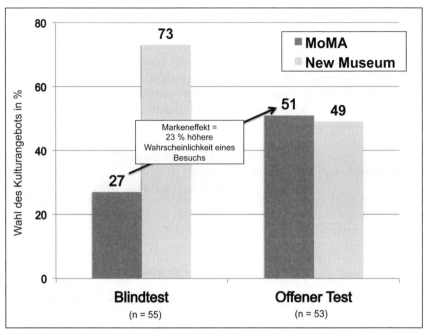

Abbildung 2: Blind- und Offener Test am Beispiel Kunstmuseen

Der Vergleich zeigt, dass in allen Fällen die „schwächere" Marke die aus Sicht der Teilnehmer eigentlich interessantere Kulturleistung offeriert. Allerdings verändert die Integration der Marke der Kulturinstitution diesen Vorteil auf der Leistungsebene dramatisch. In allen drei Fällen weist beim offenen Test, d. h. mit Nennung der Institutionenmarke, die Kulturleistung in Verbindung mit der starken Kulturmarke eine eindeutig höhere Wahlwahrscheinlichkeit auf. Eine starke Kulturmarke führt im Vergleich zu einer schwachen Marke bis zu einer dreifach so hohen Besuchsabsicht.

1.2 Besonderheiten der Marke im Kultursektor

Markenkontexte wie der Kultursektor führen dazu, dass zwar die Grundidee der Marke, deren Wirkungsmechanismen und Führungsansätze nicht vollständig neu gedacht und umgesetzt werden müssen, allerdings verschieben sich Gewichtungen, entstehen neue Optionen und verschwinden einzelne Aspekte. Um die Besonderheiten der Marke im Kultursektor und hier speziell im Kontext von Institutionen mit festen Häusern wie Theater, Opernhäuser, Museen, Varietés etc. herauszuarbeiten, wird zwischen fundamentalen und temporären Besonderheiten unterschieden. Während sich fundamentale Besonderheiten aus den mehr oder weniger unveränderbaren Merkmalen der Kulturleistung ergeben, resultieren temporäre Besonderheiten aus dem aktuellen Status quo der Markenführung und des Marketings im Kultursektor. Die Herausarbeitung der Besonderheiten erfolgt dabei im Vergleich zu Marken für konsumptive Verbrauchsgüter (sog. FMCG, z. B. Waschmittel, Schokolade, Joghurt).

1.2.1 Fundamentale Besonderheiten

Fundamentale Besonderheiten von Marken im Kulturbereich im Vergleich zu klassischen Marken lassen sich insbesondere auf vier Ebenen identifizieren:

(1) Kulturanbieter

Bei den Anbietern von Kulturleistungen wie Opernhäuser, Theater und Museen handelt es sich überwiegend um Anbieter mit einem oder wenigen **realen Standorten**. Daraus folgt, dass Kulturinstitutionen überwiegend mit **Dachmarken**, d. h. einer Marke für das gesamte Angebot, agieren. Die Standortgebundenheit verbunden mit einem oder mehreren Gebäuden führt dazu, dass der Standort und die Architektur entscheidende Bestandteile des Brandings und der Markenkommunikation sein können.

Eine weitere Besonderheit bildet die **Finanzierung von Kulturinstitutionen**. Der überwiegende Teil der Kulturinstitutionen wird massiv durch staatliche Förderung, Stiftungen oder projektbezogene Förderprogramme unterstützt. Aufgrund von Kürzungen der öffentlichen Haushalte bzw. Umschichtungen reduzieren sich für die einzelne Kulturinstitution diese Finanzierungsquellen. Weiterhin steigt durch diese Verknappung die Notwendigkeit, die Budgets gegenüber den Geldgebern zu legitimieren. Diese Legitimation basiert überwiegend auf dem Argument der gesellschaftlichen Relevanz der Kulturinstitution, welche wiederum verstärkt über Besucherzahlen operationalisiert wird.

Drittes Merkmal auf Anbieterseite, welches mit der Finanzierung stark zusammenhängt, ist der überwiegende **Nonprofit**-Charakter (ausführlich Bruhn 2012) der Kulturinstitutionen. Dies gilt zwar nicht für alle Kulturinstitutionen, aber für den überwiegenden Teil. Aus dem Nonprofit-Charakter der meisten Museen, Theater und Bühnen folgt u. a. ein abweichender Zielkatalog. Dies wird z. B. deutlich beim Ziel- und Aufgabenkatalog von Museen, den der *Deutsche*

Museumsbund und *ICOM* (2006) formuliert hat. Danach sind die Kernaufgaben und daraus abgeleitet die Kernziele von Museen das Sammeln, Bewahren, Forschen sowie Ausstellen und Vermitteln. Für die Markenführung von Museen folgt daraus, dass bei der Beurteilung des Markenkonzeptes der Einfluss der Marke auf diese Zielkategorien zu berücksichtigen ist.

Weiterhin zeichnen sich Kulturinstitutionen durch eine **Inside-Out-Philosophie** aus. Darunter ist zu verstehen, dass Kulturinstitutionen eine Idee darüber entwickeln, was sie dem Publikum präsentieren wollen. Aufbauend auf dieser Idee wird ein entsprechendes Leistungsangebot erstellt, welches dann möglichst gut an die Besucher kommuniziert wird. Die Inside-Out-Philosophie wird in der Literatur auch als Produktorientierung (Camarero/Garrido 2008; Fillis 2010; Voss/Voss 2000) oder Markenorientierung (Baumgarth 2009) bezeichnet. Im Gegensatz zu der Inside-Out-Orientierung steht die seit geraumer Zeit im Kulturkontext propagierte Besucherorientierung (Gainer/Padanyi 2002; Hausmann 2005, S. 26 ff.; Hausmann/Helm 2006) als Outside-In-Philosophie. In letzter Konsequenz würde eine Besucherorientierung bedeuten, dass vom Besucher und seinen Wünschen und Bedürfnissen ausgehend der Kulturanbieter sein gesamtes Leistungsangebot ableitet. Krämer (2006, S. 203) fragt in diesem Zusammenhang provokativ: „Ist der Parsifal zu lang?"

(2) Kulturleistung

Die angebotene Leistung von Kulturinstitutionen lässt sich als Dienstleistung interpretieren (z. B. Bekmeier-Feuerhahn/Trommershausen 2006; Rohde 2007, S. 27 ff.). Aus diesem Dienstleistungscharakter folgen insbesondere drei Merkmale (ähnlich Bruhn/Meffert 2012, S. 55 ff.). Zunächst zeichnen sich Kulturangebote als Dienstleistungen durch die **Integration eines externen Faktors** aus. Ohne die Integration des Besuchers in den Leistungserstellungsprozess findet keine Kulturleistung statt. Daraus folgt aber auch, dass die Qualität der Kulturleistung im entscheidenden Maße von dieser Integration abhängt und nur subjektiv aus Sicht des Besuchers beurteilt werden kann. Für die Markenführung folgt zum einen daraus, dass die Qualität der Integration des Besuchers entscheidend für die Qualität der Kulturleistung ist. Zum anderen betont dieses Merkmal auch die hohe Bedeutung des Besuchers für die Beurteilung einer Kulturinstitution.

Weitere Folge des Dienstleistungscharakters ist das sog. **Uno-Actu-Prinzip**, d. h., dass die Produktion der Kulturleistung und die Rezeption durch den Besucher gleichzeitig stattfinden. Dies hat wiederum zur Konsequenz, dass die Kulturleistung nicht lagerfähig ist. Aus diesem Grund ist es für Kulturanbieter wichtig, eine möglichst gleichmäßige Auslastung ihrer Häuser sicherzustellen.

Drittes Merkmal von Kulturleistungen als Dienstleistung ist der überwiegende Anteil an **Immaterialität**. Kulturanbieter verkaufen überwiegend keine Sachleistungen, sondern immaterielle und intangible Leistungen wie geistige Stimulierung, Wissenszuwachs, Unterhaltung oder soziale Kontakte. Die Immaterialität hat u. a. zur Konsequenz, dass es für Kulturanbieter eine Herausforderung ist, den Nutzen für den Besucher in der Markenkommunikation darzustellen. I. d. R. behelfen sich Kulturanbieter damit, dass sie die Potentialfaktoren wie Gebäude, ausgestellte Kunstwerke oder Künstler zeigen. Abbildung 3 zeigt exemplarisch potential- und nutzenorientierte Markenkommunikation von Museen.

Abbildung 3: Potential- und nutzenorientierte Kommunikation von Kulturanbietern

(3) Zielgruppen

Ein Charakteristikum von Kulturanbietern ist die **Multistakeholderperspektive** (Bekmeier-Feuerhahn/Trommershausen 2006), die im Vergleich zu kommerziellen Unternehmen noch vielfältiger und heterogener ausfällt. Ein Stakeholder (to have a stake = interessiert sein, Anteil haben), welcher auch als Anspruchs- oder Interessengruppe bezeichnet wird, ist jede interne oder externe Gruppe, die einen Einfluss auf die Kulturinstitution ausübt (allg. Freeman 1984; Hausmann 2005, S. 12 ff.). Abbildung 4 fasst am Beispiel Theater wichtige Stakeholdergruppen zusammen.

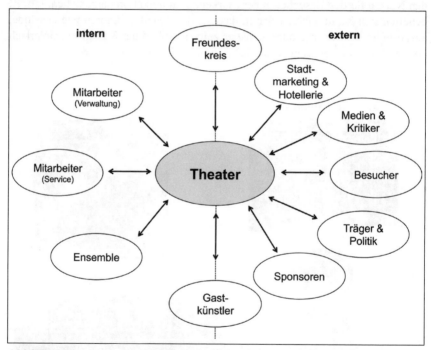

Abbildung 4: Ausgewählte Stakeholdergruppen eines Theaters

Ein Kulturanabieter muss trotz unterschiedlicher Interessen und Ansprüche mit zahlreichen Stakeholdern (positive) Austauschbeziehungen etablieren. Dies zum einen, da die Stakeholder direkte Beziehungen zu der jeweiligen Kulturinstitution besitzen und entsprechende Ressourcen zur Verfügung stellen. Zum anderen bestehen auch zwischen den Stakeholdern einer Kulturinstitution starke Beziehungen. Beispielsweise beeinflusst der Freundeskreis durch Word-of-Mouth das allgemeine Publikum und das Stadt- bzw. Regionalmarketing besitzt zusammen mit der Hotellerie einen Einfluss auf die Stakeholdergruppe Touristen. Für die Markenführung und Markenkommunikation folgt aus dieser Multistakeholderperspektive, dass die Marke und deren Kommunikation auf alle Stakeholder, und zwar jeweils über unterschiedliche Kanäle und mit unterschiedlichen Inhalten, ausgerichtet sein müssen. Allerdings wird das später vorzustellende Tool Markenaudit für Kulturinstitutionen (**MAK**) insbesondere die besucherbezogenen Stakeholdergruppen in den Fokus rücken. Dies geschieht insbesondere vor dem Hintergrund, dass Besucher die entscheidende Stakeholdergruppe für die Finanzierung und Legitimation sind und die Besucher von vielen anderen Stakeholdergruppen wie Personal, Medien oder Freundeskreis beeinflusst werden. Weiterhin reduziert sich durch diese Fokussierung die Komplexität des Modells und der praktische Einsatz ist besser realisierbar.

(4) Wettbewerb und Umfeld

Ein zentrales Merkmal der Wettbewerbssituation auf dem Besuchermarkt ist der Wettbewerb um Aufmerksamkeit (allg. Franck 1998). Das Angebot an Kulturinstitutionen steigt bzw. stagniert auf einem hohen Niveau. Beispielsweise bleibt nach offizieller Statistik die Anzahl der Museen in Deutschland mit rund 4.900 Museen in den letzten zehn Jahren praktisch konstant (Statista 2012).

Gleichzeitig nimmt die Anzahl der Freizeitaktivitäten und Medien deutlich zu, wodurch ein zunehmender Wettbewerb auch mit Nichtkulturanbietern wie Kino, Shoppingcenter, Sport, Computerspiele oder Social-Media-Nutzung um die Aufmerksamkeit des Publikums entsteht. Nach der Verbraucheranalyse 2012 (Axel Springer/Bauer Media Group 2012) gaben die Konsumenten als Freizeitaktivitäten, die sie besonders gerne machen 8,1 % „Theater, Konzert, Musicals besuchen" und 6,4 % „Museen, Ausstellungen besuchen" an. Auch wenn diese Werte im Vergleich zu 2010 (Axel Springer/Bauer Media Group 2010) leicht gestiegen sind (6,8 bzw. 5,2 %), liegen sie nur auf dem Niveau von „Besuch von Fitnessstudios" (7,2 %).

Für die Markenführung resultiert aus diesem sich verschärfenden und über die Grenzen der Kultur hinausgehenden Wettbewerb die Notwendigkeit, sich eindeutiger abzugrenzen und zu positionieren. Weiterhin ist bei der Ableitung von Positionierungen darauf zu achten, dass der Bezugsmarkt nicht zu eng gewählt wird, sondern durchaus auch Differenzierungen gegenüber kulturfernen Freizeitaktivitäten aufgebaut werden müssen.

1.2.2 Temporäre Besonderheiten

Neben diesen fundamentalen Besonderheiten, die mehr oder weniger immer gelten werden, lassen sich einige Besonderheiten herausarbeiten, die eher temporären und damit veränderbaren Charakter aufweisen.

(1) Kulturanbieter

Auf Anbieterseite lassen sich als markenrelevante Besonderheit die relativ geringe **personelle Ausstattung** von Kulturinstitutionen im Allgemeinen und von Marketing- und Kommunikationsabteilungen im Speziellen identifizieren (auch Hausmann 2012, S. 28 f.) Dies führt dazu, dass in vielen Häusern das Marketing auf das operative und dringende Tagesgeschäft reduziert wird, und Zeiten für die Entwicklung von strategischen Konzepten wie eine Markenpositionierung oder Markenstrategie schlichtweg fehlen.

Eine weitere temporäre Besonderheit bilden der **fachliche Hintergrund** und der Ausbildungsstand der Leitungsebene. Diese Hierarchieebene setzt sich zu großen Teilen aus Personen mit einer fachfremden Ausbildung oder einem Schwerpunkt in den Kulturwissenschaften zusammen. Eine Begründung dafür ist, dass eine explizite Kulturmanagement-Ausbildung erst seit Anfang der 90er Jahre an den Hochschulen im deutschsprachigen Raum überhaupt möglich ist (Klein 2008). Mit diesem fachlichen Background der meisten Führungskräfte im Kultursektor verbunden ist häufig ein fehlendes Verständnis für die Relevanz der Marke sowie fehlendes Know-how für die strategische und operative Führung von Marken im Kulturumfeld.

Schließlich agiert bei vielen Häusern eine **starke Persönlichkeit** verbunden mit einem starken Ego auf der Ebene der künstlerischen Leitung, was häufig dazu führt, dass bei einem Intendanzwechsel oder einem Wechsel auf der Museumsdirektorenebene die Positionierung der Marke vollständig geändert und das Branding umfassend neu gestaltet wird. Abbildung 5 zeigt exemplarisch für drei Häuser die Veränderungen auf der Logoebene ausgelöst durch Veränderungen auf der Leitungsebene.

Was ist eine Marke für Kulturinstitutionen?

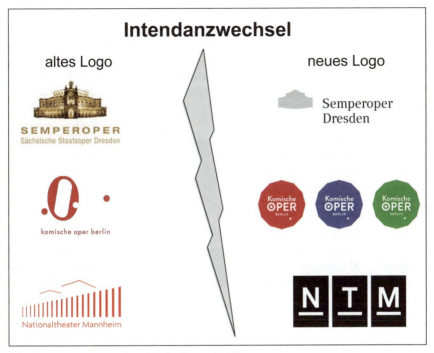

(Quelle: zusammengestellt aus Schaffrinna 2013)
Abbildung 5: Brandingbrüche durch Intendanzwechsel

(2) Kulturleistung

In vielen Kulturinstitutionen herrscht immer noch ein verengtes und konservatives Kulturverständnis, welches sich darin zeigt, dass der Bewahrungs- und Bildungsauftrag im Mittelpunkt steht. Dieses Kulturverständnis belegt z. B. eine empirische Studie bei Museumsdirektoren in Australien und Neuseeland, wonach rund 30 % der befragten Museumsdirektoren dem Rollenbild „Verwalter des kulturellen Erbes" zugeordnet werden können (Rentschler 2001). Andere Erlebnisdimensionen wie Unterhaltung, soziale Beziehungen, Staunen etc. kommen häufig zu kurz oder werden argwöhnisch von den Protagonisten betrachtet. Auch die von einigen Protagonisten immer noch vertretene strikte Abgrenzung von E- und U-Musik bzw. von Hoch- und Populärkultur ist ein Indiz für ein traditionelles Kulturverständnis.

(3) Zielgruppen

Insgesamt lässt sich in den letzten Jahren für Kulturanbieter eine Veränderung der Besucherstruktur erkennen. Im Durchschnitt werden die Besucher älter. Diese Veränderung ist nicht nur auf den **demographischen Wandel** zurückzuführen (Hausmann/Körner 2009), sondern auch auf deutliche **Interessensverschiebungen** in der jungen Zielgruppe. Beispielsweise zeigt ein Zeitvergleich der Studie Kulturbarometer (Keuchel/Larue 2012) eine deutliche Reduzierung des Anteils von Besuchern von E-Musikkonzerten in der Altersgruppe der 18-24-Jährigen. Während beispielsweise 2004 in der Altersgruppe der 14-24-Jährigen der Anteil von Einmal- und Mehrfachbesuchern noch 19 % betrug, sank dieser auch in der Vergangenheit schon geringe Wert in 2010/2011 auf 15 %. Klein (2011, S. 21) spricht in diesem Zusammenhang auch plakativ von „Vergruftungsgefahr".

Eine weitere Herausforderung in Bezug auf die Zielgruppen ist die zunehmende Internationalität und Interkulturalität. Auf der einen Seite steigt die Anzahl von (ausländischen) Touristen seit Jahren kontinuierlich an. Nach Angaben des Statistischen Bundesamtes verdoppelte sich die Anzahl der ausländischen Besucher und der Übernachtungen in den letzten zehn Jahren (1993: 14,4 Mio. Ankünfte /34,7 Mio. Übernachtungen; 2012: 30,4 Mio. Ankünfte/68,8 Mio. Übernachtungen, Statistisches Bundesamt 2013). Auf der anderen Seite erhöht sich auch der Anteil von **Ausländern** und **Menschen mit Migrationshintergrund** in Deutschland (Migrationsbericht 2011). Studien verdeutlichen aber, dass diese Zielgruppen andere Bedürfnisse in Bezug auf Kultur aufweisen (Keuchel 2012).

Die Markenführung für Kulturinstitutionen muss sich daher verstärkt mit neuen Zielgruppen („jünger und bunter") auseinandersetzen, um zukünftig auch noch ausreichende Besucherzahlen erreichen und die gesellschaftliche Relevanz sicherzustellen zu können.

(4) Wettbewerb und Umfeld

Beim Wettbewerb von Kulturinstitutionen lassen sich mit der Zunahme an Freizeitangeboten und der Digitalisierung insbesondere zwei Trends beobachten. Neben klassischen, überwiegend staatlich getragenen Kulturanbietern, drängen immer mehr **private Anbieter** von Musicals, Science-Parks und freien Theatern auf den Kulturmarkt. Dieser Wettbewerb wird noch durch die **Zunahme von weiteren Freizeitangeboten** wie immer länger geöffneten Einkaufszentren, Sport- und Vergnügungsmöglichkeiten (z. B. Spaßbäder, Kletterparks) und Kurzurlauben verschärft. Damit wächst für die Markenführung von Kulturinstitutionen die Aufgabe, sich noch schärfer zu positionieren, um die Relevanz des eigenen Angebots zu bewahren oder zu steigern. Darüber hinaus verändert die **zunehmende Digitalisierung** auch die Kulturlandschaft. Social Media (Scheurer/Spiller 2010; Janner/Holst/Kopp 2011), virtuelle Museen und Ausstellungen (z. B. *Google Cultural Institute, Google Art Project*), Smartphones mit ihren Anwendungen (z. B. *SFMOMA Families des San Francisco Museum of Modern Art* oder *Race Against Time* der *Tate Gallery*) und Livestreams von Konzerten (z. B. http://www.digitalconcerthall.com/de der *Berliner Philharmoniker*) sind nur einige wenige Schlagworte, die exemplarisch für diesen digitalen Wandel in der Kultur stehen. Die Digitalisierung betrifft alle Bereiche der Markenführung und Markenwirkungen, wobei die größten Auswirkungen auf die Präsentation der Kultur sowie die Markenkommunikation zu erwarten sind.

1.3 Argumente zur Relevanz des Markenkonzeptes für Kulturinstitutionen

1.3.1 Argumente für einen Hype

Markenführung und Marketing werden im Kulturbereich immer noch von einigen Kulturverantwortlichen und Kulturwissenschaftlern durchaus kritisch betrachtet bzw. falsch interpretiert. Im Folgenden werden vier Argumente gegen den intensiveren Einsatz der Markenführung im Kulturbereich diskutiert.

(1) Kultur und Marke sind unvereinbar

Hellmann (2007) analysiert die Unvereinbarkeit von Marke und Kunst bzw. Kultur. Das Hauptargument basiert darauf, dass Kunst sich durch große Varietät auszeichnet, während Marke gerade auf Redundanz abstellt. Allerdings kommt schon Hellmann (2007) zu der Erkenntnis, dass auch in der Kunst durch Konzepte wie den Kunststil Einordnungen und mit Wiederholungen Redundanzen entstehen, die auch den Aufbau von Marken zulassen. Die Möglichkeit auch in der Kunst erfolgreich Muster und damit Marken aufzubauen zeigen u. a. die Beispiele *Andy Warhol* (Höhne 2006), *Picasso* (Kreutz 2003) oder *Damien Hirst* (Bradshaw/Kerrigan/Holbrook 2010). Dieses Argument dürfte noch stärker für Kulturinstitutionen gelten, die im Kern nicht auf die Schaffung von Kunst ausgerichtet sind, sondern, wie z. B. Museen, eher Kunst oder andere Inhalte bewahren und vermitteln sollen. Daher besteht aus Sicht der Autoren kein unüberbrückbarer Widerspruch zwischen Kultur bzw. Kulturinstitutionen und Marke.

(2) Marke degradiert Kultur zu Waschmitteln und Softdrinks

Das moderne Markenkonzept wurde vor über 100 Jahren im Bereich der schnelldrehenden Konsumgüter (FMCG) entwickelt, wie z. B. die Marken *Coca-Cola* (1893), *Persil* (1908) oder *Maggi* (1887) exemplarisch belegen. Diese Marken wurden und werden überwiegend über klassische Massenwerbung und standardisierte Qualitäten (Produkt, Verpackung) vermarktet. Daher wird von vielen Kulturverantwortlichen Markenführung immer noch mit diesen Prototypen des Markenartikels verknüpft und daher eine Kulturmarke mit Marken von Alltagsgütern und Commodities gleichgesetzt. Diese Gleichsetzung führt dann zu einer Ablehnung des Markenkonzeptes für Kulturanbieter. Dieses Argument resultiert allerdings aus einem veralteten Markenverständnis. Heute wird Markenführung als ganzheitlicher Ansatz der Unternehmensführung angesehen, der sich nicht auf Werbung oder Verpackung reduziert, sondern vielmehr aus dem Unternehmen und dessen Unternehmenskultur heraus entwickelt wird. Exemplarisch für diese Betrachtungsweise sind die Ansätze Identitätsbasierte Markenführung (z. B. Burmann/Halaszovich/Hemmann 2012) und Markenorientierung (z. B. Urde 1999; Baumgarth/Merrilees/Urde 2011, 2013; Urde/Baumgarth/Merrilees 2013). Eine solche Sichtweise „verträgt" sich mit dem Selbstverständnis von Kulturanbietern.

(3) Wir haben eine Marke, wir haben doch ein Logo

Viele Kulturverantwortliche setzen Marke mit dem Markenlogo, d. h. dem Branding, oder mit der externen Kommunikation gleich. Diese verkürzte Sichtweise haben wir nicht nur im Rahmen unseres Projektes „Markenorientierung im Kulturbereich" immer wieder in persönlichen Gesprächen erfahren, sondern es zeigt sich auch in empirischen Studien. Beispielsweise kreuzten in der Studie von Baumgarth (2009) Museumsmanager auf einer Fünfer-Skala die Top-Box-werte (1 und 2) für die Interne Markenführung nur zwischen 16 % und 25 % an (Markenhandbuch: 16 %; Markenworkshops: 25 %; regelmäßige Markentreffen: 17 %). Hingegen erreichten die externen Kommunikationsinstrumente wie Website (85 %), Events (84 %), Public Relations (86 %) und Broschüren (92 %) als

Markeninstrumente sehr hohe Zustimmungswerte. Diese verkürzte Sichtweise ist nach einem modernen Markenverständnis falsch und auch eine Hauptmotivation für die Entwicklung des holistischen Markenaudits im Rahmen dieses Buches.

(4) Uns fehlen die finanziellen und zeitlichen Ressourcen

Die teilweise prekäre finanzielle Situation und die damit verbundene geringe personelle Ausstattung ist eine wichtige Determinante von Markenüberlegungen im Kulturbereich. Allerdings ist es zum einen Ziel der Markenführung für Kulturinstitutionen durch steigende Attraktivität und steigende Besucherzahlen und die finanzielle und personelle Situation zu verbessern. Daher handelt es sich zunächst um ein „Henne-oder-Ei-Problem", das dadurch gelöst werden kann, dass zunächst eine starke Marke aufzubauen ist, die dann zu entsprechenden Umsätzen führt. Diese sind dann in den Ausbau der personellen Kapazitäten auch für Markenführung (Quantität und Qualität) zu investieren, wodurch eine kontinuierliche Markenführung erfolgen kann. Dies kann auch bedeuten, dass in gewissen Zeiträumen, Budgets in Richtung Markenführung zu verschieben sind. Zum anderen kann eine konsequente Markenführung auch helfen, Kosten zu reduzieren. Durch ein stringentes und über einen längeren Zeitraum konstant genutztes Corporate Design lassen sich Kosten einsparen, da weniger externe Kommunikation stattfinden muss, um den gleichen Effekt wie bei zersplitterter Kommunikation zu erzielen. Weiterhin reduziert eine klare inhaltliche Ausrichtung des Hauses (Markenpositionierung) oder ein einheitliches Branding den Planungs- und Entwicklungsaufwand für jede einzelne Aktivität (z. B. Entwicklung eines Flyers). Hingegen sind dramatische Corporate Design-Veränderungen (vgl. Abbildung 5), die dann in allen Kommunikationsinstrumenten von Geschäftsausstattung bis zum Gebäude umgesetzt werden müssen, eher unnötige Kostentreiber.

1.3.2 Argumente für ein nachhaltiges Erfolgskonzept

Auf der anderen Seite gibt es auch Argumente und empirische Belege, die für einen verstärkten Einsatz von Marken für Kulturinstitutionen sprechen.

(1) Markenorientierung passt zum Selbstbild von Kulturinstitutionen

Kulturinstitutionen zeichnen sich häufig durch eine starke Philosophie und Organisationskultur aus. Dies ergibt sich zum einen aus dem überwiegenden Nonprofit-Charakter, der dazu führt, dass sich Menschen für diese Kulturinstitutionen als

Mitarbeiter und Unterstützer wegen des Inhalts und deren Philosophie und nicht wegen des erzielbaren Einkommens oder anderer Karrieregründe entscheiden. Zum anderen besitzen die Leitungskräfte in Kulturinstitutionen aufgrund ihrer Expertise, ihrem Charisma und auch ihrer Machtfülle einen starken Einfluss auf die Philosophie der Kulturinstitution. Eine solch stark ausgeprägte Organisationskultur führt auch dazu, dass eine Konzeption wie Besucherorientierung, welche die Besucherwünsche in den Mittelpunkt stellt (ausführlich Hausmann/Helm 2006), nur bedingt mit dieser Inside-Out-Orientierung kompatibel ist. Daher ist zu befürchten, dass Besucherorientierung in vielen Kulturinstitutionen mehr ein Feigenblatt als eine Überzeugung und gelebte Realität darstellt. Eine **Markenorientierung**, welche die Werte und Philosophie in den Mittelpunkt jeglicher Planung und Aktivitäten stellt, passt besser zu der in den meisten Kulturinstitutionen vorherrschenden „Unternehmenskultur".

(2) Starke Kulturmarken sind erfolgreicher

Erste empirische Arbeiten zeigen, dass eine ausgeprägte Markenführung bzw. Markenorientierung zum Erfolg einer Kulturinstitution beiträgt. Bekmeier-Feuerhahn/Sikkenga (2008) und Bekmeier-Feuerhahn (2009) entwickelten für den Museumsbereich aufbauend auf dem allgemeinen EFQM-Modell ein Modell zur Analyse des Einflusses der Qualität der Markenführung auf den Erfolg. Die Qualität der Markenführung wurde aufgegliedert in die drei Bausteine interne Markenvermittlung, systematisierte Markensteuerung und markenstärkende Partnerschaften. Der Erfolg wurde aufgespalten in die Dimensionen zielgruppenspezifischer Erfolg (Besucherzahlen, Bekanntheit, Medieninteresse), kulturpolitischer Erfolg (Einwerbung von öffentlichen Sondermitteln, gesellschaftliche Diskurse) und ideell-künstlerischer Erfolg (Bereitschaft von Künstlern/Kuratoren im Museum zu arbeiten, Präsenz der Museumsvertreter in der Öffentlichkeit). Die empirische Studie wurde im Museumsbereich durchgeführt und basiert auf insgesamt 104 Interviews. Abbildung 6 fasst die zentralen Ergebnisse der kausalanalytischen Auswertung im Überblick zusammen.

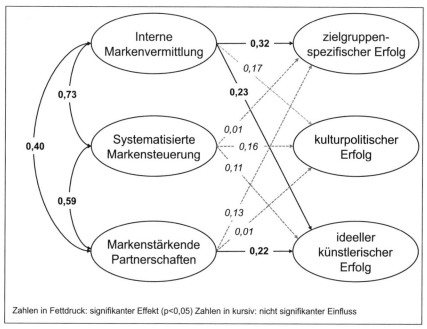

(Quelle: in Anlehnung an Bekmeier-Feuerhahn 2009, S. 93)

Abbildung 6: Qualität der Markenführung als Erfolgstreiber für Museen

Die Ergebnisse zeigen zum einen, dass die Qualität der Markenführung alle drei berücksichtigten Zieldimensionen positiv beeinflusst. Zum anderen zeigt sich, dass insbesondere die interne Markenvermittlung einen starken Einfluss auf den Erfolg eines Museums ausübt.

In einer weiteren Studie aus dem Museumsbereich wurde der Einfluss der Markenorientierung auf den Erfolg analysiert (Baumgarth 2009; Baumgarth/ Freund 2009). Die Markenorientierung wird dabei als eine spezifische Ausprägung der strategischen Orientierung eines Museums verstanden, die sowohl unternehmenskulturelle Aspekte (Werte, Normen, Symbole) als auch konkrete Verhaltensweisen umfasst. Als Erfolgsmaßstäbe werden die Dimensionen Markterfolg (z. B. Besucherzahlen) und Kulturerfolg (Erfüllung der Museumsaufgaben) unterschieden. Insgesamt nahmen an dieser Befragung 284 Verantwortliche aus der höchsten Leitungsebene von Museen aus dem deutschsprachigen Raum teil. Die empirischen Ergebnisse zeigen ähnlich wie bei der vorher vorgestellten Studie, dass ein markenorientiertes Verhalten einen positiven Effekt sowohl auf den Markt- als auch den Kulturerfolg ausübt. Ferner verdeutlichen die Ergebnisse, die in Abbildung 7 zusammengefasst sind, dass sich auf dem Besuchermarkt erfolgreiche Museen in allen vier Bausteinen der Markenorientierung positiv und signifikant von den weniger erfolgreichen Museen abheben.

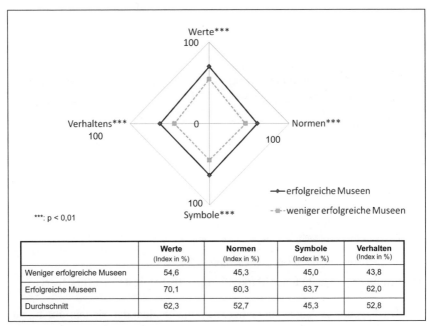

(Quelle: Baumgarth 2009, S. 41)

Abbildung 7: Markenorientierung als Merkmal erfolgreicher Museen

1.4 Zwischenfazit: Notwendigkeit eines holistischen und kulturspezifischen Markenverständnisses

Dieses Kapitel definierte zunächst Marke durch die Merkmale hoher Bekanntheitsgrad, differenzierendes Image in den Köpfen der (potentiellen) Besucher, Präferenz sowie Loyalität. Damit sind auch schon die zentralen Ansatzpunkte zur Schaffung einer starken Kulturmarke, nämlich Erhöhung der Bekanntheit, Differenzierung, Schaffung von Präferenzen und Aufbau von Loyalität, genannt.

Anschließend wurde verdeutlicht, dass sich die Markenführung im Kultursektor fundamental auf den Ebenen Anbieter, Kulturleistung, Zielgruppen sowie Wettbewerb und Umfeld von der klassischen Markenführung für schnelldrehende Konsumgüter unterscheidet. Daher ist es notwendig, für Kulturanbieter die klassischen Markenüberlegungen entsprechend zu adaptieren. U. a. ist durch den überwiegenden Nonprofit-Charakter von Kulturinstitutionen der Zielkatalog als Erfolgsmaßstab der Markenführung entsprechend anzupassen. Weiterhin ist durch die Inside-Out-Philosophie sowie den Dienstleistungscharakter von Kulturleistungen die interne Verankerung der Marke innerhalb der Kulturinstitution deutlich zentraler als in klassischen Markenkontexten. Weiterhin zeichnen sich Kulturinstitutionen durch viele und diverse Anspruchsgruppen aus, die bei Markenüberlegungen zu berücksichtigen sind.

Darüber hinaus wurden auch einige temporäre Besonderheiten wie die überwiegend unzureichende Personalausstattung der Kulturinstitutionen, die hohe Bedeutung und Machtfülle der Führungspersonen, Veränderungen auf der Besucherebene, Aufkommen von neuen und überwiegend privaten Anbietern sowie eine zunehmende Digitalisierung skizziert, die bei der Markenführung entsprechend zu berücksichtigen sind.

Abschließend wurden einige Argumente für und gegen einen verstärkten Einsatz des Markenkonzeptes im Kultursektor aufgeführt. Diese Argumente zeigten zum einen, dass eine starke Kulturmarke zum Erfolg und Überleben von Kulturinstitutionen beitragen kann. Zum anderen existieren Bedenken und Barrieren wie die Unvereinbarkeit von Kunst und Marke, die Bagatellisierung von Kunst durch Marke und Marketing, falsches Markenverständnis und fehlende Budgets, die bei einer Umsetzung eines Markenkonzeptes im Kultursektor zu überwinden sind.

In den nächsten Kapiteln wird mit dem Markenaudit für Kulturinstitutionen (MAK) ein konkretes Instrument vorgestellt, welches zum einen die Besonderheiten von Kulturanbietern berücksichtigt und zum anderen Kulturinstitutionen dabei hilft, die eigene Marke zu evaluieren und zu reflektieren, wodurch sich auch direkt Ansatzpunkte zur Verbesserung und Professionalisierung der eigenen Markenführung ergeben.

2 Audits im Marketing- und Markenbereich

Marke im Sinne eines umfassenden Ansatzes bildet auch für Kulturinstitutionen einen interessanten und teilweise innovativen Ansatz, der dabei helfen kann, die Ausrichtung der Kulturinstitution bei den diversen Anspruchsgruppen und insbesondere bei den Besuchern klarer zu positionieren und zu kommunizieren und sich damit auch im Wettbewerb der Kultureinrichtungen und -angebote sowie der attraktiven Freizeitbeschäftigungen durchzusetzen. Dies setzt voraus, dass Kultureinrichtungen ihre Marke holistisch analysieren und führen. Ein sinnvoller Ansatz stellt dabei das im Weiteren zu entwickelnde Tool des Markenaudits für Kulturinstitutionen (MAK) dar. Dieses Kapitel behandelt zunächst die terminologischen und konzeptionellen Grundlagen allgemein zu Marketing- und Markenaudits. Weiterhin liefert es einen Überblick über bereits existierende Ansätze.

2.1 Begriff, Konzept und Funktionen eines Markenaudits

Markenaudits lassen sich historisch als eine Weiterentwicklung von Marketingaudits auffassen. Eine klassische und wegweisende Definition von Marketingaudit stammt von Kotler/Gregor/Rodgers (1977), die dieses wie folgt definieren:

„A marketing audit is a comprehensive, systematic, independent, and periodic examination of a company's – or business unit's – marketing environment, objectives, strategies, and activities with a view to determining problem areas and opportunities and recommending a plan of action to improve the company's performance"

Wichtige Merkmale von Marketingaudits sind die umfassende, systematische, unabhängige und periodische Bewertung der Qualität des Marketings sowie die darauf aufbauende Ableitung von Verbesserungsvorschlägen. Diese charakteristischen Merkmale bildeten auch den Ausgangspunkt zur Entwicklung einer Definition von Markenaudits.

Mit dem Perspektivwechsel vom Marketing zur Markenführung und von der Markt- bzw. Besucher- zur Markenorientierung (z. B. Baumgarth/Merrilees/Urde 2011; Urde/Baumgarth/Merrilees 2013; Baumgarth/Merrilees/Urde 2013) lassen sich die Grundprinzipien von Marketingaudits auf den Bereich Marke übertragen. Danach lässt sich ein Markenaudit wie folgt definieren (ähnlich Jenner 2005, S. 200):

Ein **Markenaudit** ist eine **umfassende, systematische, unabhängige** und in zeitlichen Abständen **wiederholte** Bewertung der **Qualität der Marke** sowie darauf aufbauend die Ableitung von **Verbesserungsansätzen**.

Aus dieser Interpretation von Markenaudits resultieren deren Funktionen:

1. Identifizierung und Abbau von Schwachstellen der Marke
   Die erste Funktion von Markenaudits stellt die Identifizierung von einzelnen Schwachstellen der Markenführung dar und darauf aufbauend die Ableitung von Maßnahmen zum Abbau dieser Defizite. Exemplarisch kann ein Markenaudit ergeben, dass das Branding der Kulturinstitution wenig merkfähig oder differenzierungsfähig ist, die Mitarbeiter die Markenpositionierung nicht kennen oder ein Markencontrolling fehlt. Dies kann dann zu Empfehlungen und konkreten Umsetzungen wie Überarbeitung des Brandings, Etablierung von Instrumenten zur internen Markenführung (z. B. Intranet, Markenbuch) oder Entwicklung und Einsatz von Markencontrollinginstrumenten (z. B. Imagebefragung) führen.
2. Identifizierung von Chancen für die Stärkung bzw. das Wachstum der Marke
   Aufgrund des holistischen Charakters der Analyse sowie der Verknüpfung mit Empfehlungen und ggf. Best-Practice-Beispielen kann ein Markenaudit auch Chancen für ein generisches Wachstum mit der eigenen Marke aufzeigen. Neben Ansatzpunkten zur Stärkung der Marke und damit verbunden mit positiven Markeneffekten wie stärkere Weiterempfehlungsbereitschaft oder erhöhte Markentreue eröffnen insbesondere Markentransfers (z. B. *DDR Museum Berlin* hat im Jahre 2010 das Restaurant *Domklause* eröffnet; Franchisekonzept des *Guggenheim*-Museums), Merchandising (z. B. realer und Online-Museumshop der *Tate Galleries*, www.tate.org.uk/shop), „Fanclubs" (z. B. „Dingpfleger" des *Werkbundarchivs – Museums der Dinge*) und Markenkooperationen (z. B. Notizbücher von *MoMA* und *Moleskine*) Wachstumspotentiale und erschließen zusätzliche Finanzierungsquellen.
3. Lernprozesse innerhalb und außerhalb der Kulturinstitution (organisationales Lernen)
   Marketingaudits werden seit vielen Jahren erfolgreich in der Hochschulausbildung als didaktisches Instrument eingesetzt (Madden 2007). Es ist zu erwarten, dass auch die Markenaudit-Methodik dem Studenten dabei helfen kann, abstraktes Wissen über Markenführung und Markenwirkung mit realen Marken zu verknüpfen. Ein Markenaudit setzt die Zusammenarbeit mit

einer Kulturinstitution voraus, wobei durch die Offenheit vieler Kulturinstitutionen für Kooperationen mit Hochschulen eine solche Kooperation relativ leicht realisierbar ist. Ähnlich kann auch ein Markenaudit dazu führen, den eigenen Mitarbeitern einer Kulturinstitution grundsätzliches und institutionenspezifisches Markenwissen zu vermitteln.

4. Denken in Zusammenhängen sowie abteilungsübergreifendes Verstehen und Handeln
Eine Hauptherausforderung der Markenführung im Kulturbereich stellt die organisationsweite und abteilungsübergreifende Zusammenarbeit dar. Nicht die Marketingabteilung, die häufig überwiegend Pressearbeit, den Internetauftritt und Direct-Mails betreut, sondern die künstlerische oder kulturelle Leitung, die Personalabteilung, die Künstler, das Personal mit direktem Besucherkontakt etc. sind mindestens ebenso wichtig für eine starke Marke im Kulturumfeld. Dies setzt aber voraus, dass alle Abteilungen und Personen den Sinn und die Funktionsweise der eigenen Marke verstehen und akzeptieren. Ein Markenaudit und die Diskussion der Implikationen kann ein effektives Instrument für eine abteilungsübergreifende Kommunikation und für ein tieferes Verständnis über den Sinn einer Marke in einer Kulturinstitution sowie die Notwendigkeit einer abteilungsübergreifenden Zusammenarbeit darstellen.

5. Transparenz für Geldgeber und Unterstützer
Mehr und mehr Kulturinstitutionen müssen gegenüber öffentlichen und privaten Geldgebern Rechenschaft über die Verwendung und den Effekt der eingesetzten finanziellen Mittel ablegen. Die „Objektivität" dieses Nachweises wird zukünftig noch stärker über die finanzielle Ausstattung von Kulturinstitutionen entscheiden. Einen solchen „objektiven" Nachweis können standardisierte und von externen Stellen durchgeführte Markenaudits leisten (ähnlich Youker 2010).

2.2 Einordnung von Markenaudits in das Markencontrolling

Markenaudits weisen im Vergleich zum klassischen Markencontrolling (z. B. Markentreue- oder Markenwertmessung) einige Besonderheiten auf, die Tabelle 1 zusammenfasst (ähnlich Jenner 2005, S. 201).

Tabelle 1: Vergleich von Markenaudit und Markencontrolling

	Markenaudit	(Klassisches) Markencontrolling
Analysebereich	Umfassende Analyse der Markenführung und der Markenwirkungen; explorative Analysen; schlecht strukturiert	Analysebereich a priori begrenzt; häufig Fokus auf Kennzahlen der Markenwirkung (z. B. Markenstärke); gut strukturiert
Art der verarbeiteten Information	Berücksichtigung von quantitativen und qualitativen Informationen; Berücksichtigung von „schwachen Signalen"	Überwiegend quantitative Informationen
Analysefrequenz	In größeren zeitlichen Abständen (2 – 5 Jahre)	Kontinuierlich bzw. in kurzen Abständen
Beteiligung und typische Form des Erkenntnisgewinns	Viele Beteiligte mit heterogenem Hintergrund; Durchführung durch externe Auditoren; diskursiver Ansatz	Einzelne interne (Controlling-) Experten; analytischer Ansatz
Ergebnisse	Vergleich mit (externen) Standards, Beurteilungen und Verbesserungsvorschläge	Abweichungen der Kennzahlen von vorab festgelegten Niveaus

2.3 Überblick bestehender Marketing- und Markenaudits

Bislang liegen keine umfassenden Publikationen zum Thema Markenaudit für Kulturinstitutionen vor. Fruchtbaren Input für die Entwicklung eines solchen Markenaudits liefern Arbeiten allgemein zum Marketing- und Markenaudit sowie Arbeiten zur umfassenden Beurteilung von Marken im Kulturumfeld. Darüber hinaus liefern auch methodenorientierte Publikationen zum Thema Evaluation und Auditierung (z. B. Davidson 2005; speziell im Kulturbetrieb Birnkraut 2011) wertvolle Hinweise.

Im Weiteren erfolgt eine Fokussierung auf die zentralen Arbeiten zum Marketing- und Markenaudit. Zur Beschreibung der Ansätze wird insbesondere auf die Merkmale (1) Organisation des Markenaudits, (2) Modell, (3) Beurteilungsmethodik und (4) Auditergebnisse abgestellt.

(1) Marketingaudits (M1)

Explizit wurde der Begriff des Marketingaudits im Jahre 1959 von Shuchman (1959) eingeführt. In der Folge gab es vielfältige konzeptionelle Beiträge, Fallstudien und Best-Practice-Beispiele und Praxisleitfäden (zum Überblick Berry/ Conant/Parasuraman 1991; Rothe/Harvey/Jackson 1997).

Einer der einflussreichsten konzeptionellen Beiträge stammt von Kotler/ Gregor/Rodgers (1977, 1989), der sowohl prozessuale als auch inhaltliche Aspekte umfassend und branchenunabhängig behandelt. Die Verfasser empfehlen einen umfassenden Ansatz mit den **sechs Dimensionen** Umfeld, Marketingstrategie, Marketingorganisation, Marketingsystem, Marketingproduktivität und Marketingteilfunktionen. Für diese sechs Dimensionen haben die Autoren entsprechende Fragenkataloge erstellt. Weiterhin empfehlen Kotler/Gregor/Rodgers (1977, 1989) die **unabhängige Durchführung** eines Marketingaudits entweder durch externe Auditoren oder durch interne Auditoren aus anderen Geschäftsbereichen. Schließlich wird in dem Beitrag trotz aller Offenheit eines Marketingaudits eine **systematische Vorgehensweise** empfohlen. Auf einer abstrakten Ebene wird dies durch einen dreistufigen Prozess (Abstimmung über Ziele und Umfang des Marketingaudits, Datensammlung sowie Reporterstellung und -präsentation) und das Sechs-Dimensionen-Modell sichergestellt.

In einem weiteren Beitrag hat Kotler (1977) einen standardisierten Ansatz zur Beurteilung der Marketingqualität vorgeschlagen. In diesem Ansatz verwendet Kotler (1977) jeweils eine Dreierskala (0-2) für die insgesamt 15 Fragen (Dimensionen: Kundenorientierung, Marketingorientierung, Marketinginformationen, Strategisches Marketing, Operatives Marketing). Die Ergebnisse der einzelnen Fragen werden nach diesem Ansatz ungewichtet addiert und der **Gesamtindex** in eine Sechserskala der Marketingeffektivität eingeordnet (keine Marketingeffektivität bis überragende Marketingeffektivität).

Einen sektorspezifischen Ansatz für den Dienstleistungsbereich haben Berry/Conant/Parasuraman (1991) in die Diskussion eingeführt. Im Vergleich zu den beiden skizzierten Ansätzen plädieren Berry/Conant/Parasuraman (1991) für einen **vollständig standardisierten Ansatz**, der im Endergebnis zur Berechnung eines **Indexes** („Index of Services Marketing Excellence") führt. Dieser basiert auf Befragungsergebnissen (Manager, Mitarbeiter, Kunden) zu sechs Dimensionen (Marktorientierung, Marketingorganisation, Neukundengewinnung, Bestandskundenpflege, Internes Marketing, Servicequalität). Ein weiterer Unterschied besteht darin, dass Berry/Conant/Parasuraman (1991) die Analyse der weiten Umwelt nicht berücksichtigen, sondern das Audit stärker auf das Marketing und die direkten Zielgruppen (Mitarbeiter, Kunden) fokussieren. Neben der

Unabhängigkeit der Auditoren empfehlen Berry/Conant/Parasuraman (1991) auch, dass nach der Präsentation der Auditergebnisse und der Verarbeitung durch das Management **weitere Treffen** zwischen dem Management- und dem Auditteam stattfinden, um die Umsetzung in Maßnahmen und damit die Verbesserung der Marketingqualität sicherzustellen.

Einen stärker umsetzungsorientierten Ansatz für ein Marketingaudit hat Wilson (2002) vorgeschlagen, der insgesamt 28 Checklisten für die **externe** (z. B. Wettbewerb, Kaufprozess, Markt) und **interne Dimensionen** (z. B. Qualität des Marketing, Preis) entwickelt hat. Ähnlich wie Kotler/Gregor/Rodgers (1977) empfiehlt auch Wilson (2002) eine **unabhängige Durchführung** des Marketingaudits. Im Vergleich zu Kotler/Gregor/Rodgers (1977) sind die von Wilson (2002) vorgeschlagenen Checklisten umfangreicher. Darüber hinaus diskutiert er auch eine **Vielzahl von potentiellen Informationsquellen** für die Beantwortung der Checklistenfragen. Weiterführende Hinweise zur prozessualen Durchführung eines Marketingaudits schlägt Wilson (2002) nicht vor.

Zusammenfassend lässt sich festhalten, dass in Bezug auf ein Marketingaudit ein wichtiges Merkmal die **Unabhängigkeit der Auditoren** ist. Weiterhin wird eine **systematische**, mit konkreten Umsetzungsempfehlungen verbundene und im Zeitablauf **wiederholende Vorgehensweise** (auch Taghian/Shaw 2008) empfohlen. Bezüglich der zu bewertenden Dimensionen besteht mit Ausnahme des Merkmals „**holistische Betrachtung**" bislang kein Konsens in der Literatur, wobei die meisten Ansätze eine Kombination von internen (Qualität des Marketings) und externen Faktoren (Wirkungen) vorschlagen. Weiterhin lassen sich mit einer offenen (Leitfragen/Checklisten mit offenen Antworten) und einer standardisierten Methodik (geschlossene Fragen und Skalen mit anschließender Index-Berechnung) zwei grundsätzliche Beurteilungsansätze identifizieren.

(2) Marketingaudits im Kultursektor (MK1)

Umfangreiche Ansätze für Marketingaudits im Kultursektor liegen bislang nicht vor. Lediglich Kotler/Kotler/Kotler (2008) haben für Museen in Anlehnung an den Ansatz von Kotler/Gregor/Rodgers (1977) einen Checklistenansatz mit sechs Dimensionen (intern, extern) vorgeschlagen. Empfehlungen für den Auditprozess oder zur Organisation fehlen.

Darüber hinaus hat Youker (2010) abstrakt Ideen und Entscheidungen im Rahmen eines Auditansatzes zur Angebotsevaluation von Kulturinstitutionen diskutiert. Dabei betont er die Wichtigkeit der Schritte Kriterienauswahl, Standardfestlegung, Messung und Verdichtung.

Schließlich hat sich Birnkraut (2011) generell mit umfassenden Ansätzen zur Evaluation von Kulturinstitutionen auseinandergesetzt. Ihre Definition (Birnkraut 2011, S. 18) von Evaluationen deckt sich weitgehend mit dem hier verfolgten Verständnis eines Audits. Allerdings bezieht sich Birnkraut (2011) auf keinen konkreten Evaluationsgegenstand und entwickelt auch keinen eigenständigen Ansatz zum Evaluationsprozess oder zur Evaluationsmethodik. Die Publikation sammelt und systematisiert vielmehr verschiedene Alternativen, Kennzahlen sowie Instrumente zur Datenerhebung.

(3) Markenaudits (M2)

Auch die Literatur zum Thema Markenaudit ist bislang überschaubar. Zwar werden in Büchern zum Marketingcontrolling (z. B. Reinecke/Janz 2007, S. 154) und zur Markenführung (z. B. Baumgarth 2008a, S. 242; Haedrich/Tomczak/Kaetzke 2003, S. 176) vereinzelt auf Markenaudits hingewiesen, allerdings liegen kaum konkrete Vorgehensweisen oder Erfahrungsberichte vor. Im Folgenden werden die wichtigsten Arbeiten skizziert.

Einen ersten Ansatz hat Keller (2000) mit dem Vorschlag einer sog. „Brand Score Card" für die Durchführung eines Markenaudits vorgelegt. Diese umfasst zehn Kriterien aus den Feldern Markenverständnis im Topmanagement, Markenpositionierung, Branding und Marketing, Markenportfolio und Markenhierarchien, Markencontrolling mit mehreren Leitfragen und einer abschließenden 10er-Skala pro Kriterium. Nach Aussagen von Keller (2000) erfüllen „Weltklasse-Marken" diese zehn Kriterien. Zusätzliche Aussagen zur informatorischen Fundierung, zur genauen Beurteilung oder zum Prozess des Markenaudits fehlen.

Ähnlich wie Keller (2000) haben Homburg/Richter (2003) einen umfassenden und konkreten Ansatz zur Ermittlung der „Branding Excellence" vorgelegt. Dieses Modell basiert auf einem **Scoringmodell** (5er-Skala) mit vier Hauptdimensionen (Markenstrategie, Markenauftritt, Markenerfolgsmessung, Markenverankerung im Unternehmen) und insgesamt 95 Einzelkriterien. Weiterhin fordern die Autoren, dass die jeweiligen Beurteilungen durch entsprechende **Quellen belegt** werden. Schließlich empfehlen Homburg/Richter (2003) zur Veranschaulichung der Ergebnisse den Einsatz einer **grafischen Profildarstellung**. Aussagen zur Durchführung eines Markenaudits fehlen in diesem Ansatz.

Eine konzeptionelle Betrachtung zum Markenaudit hat Jenner (2005) vorgelegt. Neben einer terminologischen Grundlegung schlägt Jenner (2005) abstrakt als Inhalte des Markenaudits **zwei Dimensionen** mit jeweils zwei Unterkategorien vor:

a) marktliche Perspektive
- gegenwartsbezogen (Wahrnehmung der Marke aus Kundensicht, Wettbewerbsdifferenzierung)
- zukunftsorientiert (Veränderungen im Kunden- und Wettbewerbsumfeld)

b) interne Analyse
- strukturelle Rahmenbedingungen (Markenstrategie, Geschäftsprozesse, Organisation)
- Prozess der Markenführung (Planungs-, Implementierungs- und Kontrollprozesse)

Ferner diskutiert Jenner (2005) auch die Trägerschaft eines Markenaudits und empfiehlt in diesem Zusammenhang eine **Teamlösung** von **internen und externen Personen.**

Wheeler (2006) hat für die Analysephase von Markenprojekten verschiedene Audits (Marketing, Wettbewerb, Stakeholder, Sprache) vorgeschlagen. Speziell die Marketing- und Sprachaudits besitzen Berührungspunkte für die Entwicklung eines Markenaudits im Kulturbereich. Im Rahmen des Marketingaudits schlägt Wheeler (2006, S. 86 f.) einen **mehrstufigen Prozess** vor, der vom groben Verständnis der Organisation über die Entwicklung eines Bezugsrahmens und die Sammlung von Informationen hin zu einer Auswertung und Präsentation gelangt. Im Rahmen der Informationssammlung schlägt sie als **Quellen** sieben **verschiedene Arten** (Branding, Geschäftsausstattung, elektronische Kommunikation, Vertriebs- und Marketingmaterialien, interne Kommunikationsmaterialien, dreidimensionale Kommunikation, Handel) vor. Im Rahmen des Sprachaudits empfiehlt Wheeler (2006, S. 92 f.) die umfassende Analyse des Sprachstils und -inhalts mit Hilfe einer Checkliste über alle Markenkontaktpunkte hinweg. Das Ergebnis der verschiedenen Audits wird abschließend in einer **Top-Management-Präsentation** verdichtend dargestellt. Zusätzlich empfiehlt Wheeler (2006, S. 87) die Einrichtung eines **Auditraumes**, der visuell alle Materialien strukturiert ausstellt.

Einen im Vergleich zu seiner „Brand Score Card" deutlich aufwändigeren Ansatz hat Keller (2008) vorgeschlagen. Dieser Ansatz soll alle Quellen der Markenstärke aus Unternehmens- und Konsumentensicht erfassen. Dazu unterscheidet Keller (2008) zwischen einem **Brand Inventory** und einem **Brand Exploratory**. Er empfiehlt eine Durchführung durch **externe Auditoren**. Bzgl. der Kriterien und Bewertung plädiert Keller (2008) für einen offenen Ansatz, der möglichst umfassend die Marke bzw. die Marken eines Unternehmens beschreibt.

Olins (2008, S. 108 f.) schlägt im Appendix seines Markenhandbuches ein visuelles Markenaudit vor, welches insbesondere die **direkten Markenkontaktpunkte** berücksichtigt. Insgesamt unterscheidet Olins (2008) 13 verschiedene Gruppen von Markenkontaktpunkten. Ideen zur Durchführung, Bewertung oder Auswertung werden von ihm nicht präsentiert.

Speziell zur Evaluation von CSR orientierten Marken haben Baumgarth/ Binckebanck (2012) konzeptionell ein Markenaudit vorgeschlagen. Dieser Ansatz basiert auf einem Markenmodell, welches sich aus fünf Dimensionen (Positionierung, Unternehmenskultur, Verhalten, Kommunikation, Konsistenz) zusammensetzt. Zur Beurteilung der einzelnen Kriterien wird eine standardisierte Fünfer-Skala in Verbindung mit einem Scoringmodell vorgeschlagen.

(4) Markenaudits im Kultursektor (MK2)

Für den Kultursektor liegen bislang kaum explizite Überlegungen zur Durchführung oder zum Aufbau eines Markenaudits vor. Lediglich die Arbeit von Scott (2000) skizziert exemplarisch für ein australisches Museum (*Powerhouse*) die Durchführung eines Markenaudits. Dieses basiert auf Befragungsergebnissen von vier Zielgruppen (treue Besucher, externe Stakeholder, allgemeines Publikum, Mitarbeiter) sowie der Auswertung von Kommunikationsmaterialien.

Baumgarth (2011) hat konzeptionell einen fünfstufigen Prozess zur Durchführung eines Markenaudits für Kulturinstitutionen vorgeschlagen. Weiterhin hat er einen Bezugsrahmen, der zwischen Inventur und Performancemessung unterscheidet, entwickelt sowie erste Ideen zur konkreten Durchführung der Beurteilung und Ergebnisdarstellung skizziert. Diese konzeptionellen Ideen bildeten auch den Ausgangspunkt für die Entwicklung des in diesem Buch dargestellten MAK-Ansatzes.

Evans/Bridson (2013) haben im Rahmen eines umfangreichen Forschungsprojektes zur Markenführung von öffentlichen Museen in Australien u. a. eine institutionelle Evaluation von Museen durchgeführt. Dabei beantworten die teilnehmenden Museen in standardisierter Form Fragen zu den drei Dimensionen **Wirkungen** (Besucherzahlen, Image bei den Besuchern), **grundsätzliche Orientierung** (u. a. Marken-, Entrepreneurial-, Markt- und Produktorientierung) sowie Ausstattung mit **Ressourcen** (Mitarbeiter, Finanzen).

Darüber hinaus gibt es umfangreiche und teilweise empirisch getestete Modelle, die eine ganzheitliche Sicht auf den Bereich Marke im Kulturbereich einnehmen und damit als Grundlage für ein Markenaudit im Kulturbereich dienen können.

Einen ersten Ansatz haben Bekmeier-Feuerhahn/Sikkenga (2008) mit ihrem auf dem EFQM-Ansatz aufbauenden Modell vorgelegt. Dieser Ansatz, der im Museumsbereich empirisch getestet wurde, unterscheidet mit den Faktoren **Interne Markenvermittlung, Systematische Markensteuerung** und **Markenstärkende Partnerschaften** drei „Befähiger" des Erfolgs einer Kulturinstitution.

Baumgarth (2009) und Baumgarth/Freund (2009) haben ein Modell zur internen Verankerung („Markenorientierung") der Marke innerhalb einer Kulturinstitution entwickelt und empirisch für den Museumsbereich getestet. Dieses Modell unterteilt die Markenorientierung einer Kulturinstitution in die Dimensionen **Werte, Normen, Artefakte** und **Verhalten**. Die empirische Studie konnte belegen, dass die Markenorientierung einer Kulturinstitution den kulturellen, marktbezogenen und letztlich ökonomischen Erfolg einer Kulturinstitution positiv beeinflusst.

(5) Fazit

Tabelle 2 fasst die skizzierten Auditansätze zusammen.

Tabelle 2: Überblick Marketing- und Markenauditansätze

Kategorie	Quelle	Organisation	Modell	Beurteilungs-methodik	Ergebnisse
M1	Kotler/Gregor/Rodgers (1977, 1989)	Unabhängigkeit der Auditoren (externe Auditoren oder gemischte Teams mit internen, aber nicht direkt involvierten Experten)	6 interne und externe Dimensionen des Marketing	Leitfragen	k.A.
		Auditworkshops nach der Präsentation der Ergebnisse			
		Ableitung von organisationsspezifischen Empfehlungen			
		Offener Auditprozess			
	Kotler (1977)	k.A.	5 interne Dimensionen des Marketing	Scoringmodell ohne Gewichtung	Index mit Gesamtrating
	Berry/Conant/Parasuraman (1991)	Standardisierter Auditprozess	6 interne Dimensionen des Servicemarketings	Mittelwerte auf der Basis von Befragungen	Index
	Wilson (2002)	Unabhängigkeit der Auditoren	28 interne und externe Dimensionen des Marketing	Leitfragen	k.A.
		Offener Auditprozess			
MK1	Kotler/Kotler/Kotler (2008)	k.A.	6 interne und externe Dimensionen des Marketing	Leitfragen	k.A.
	Youker (2010)	Externe Auditoren	Programm der Kulturinstitution	Scoringmodell	Vergleich mit vorher definierten Standards
		Offener Prozess			
		Berücksichtigung von qualitativen und quantitativen Informationen			
	Birnkraut (2011)	Darstellung von Alternativen zum Träger; Zyklus mit vier Stufen	k.A.	k.A.	k.A.

Kategorie	Quelle	Organisation	Modell	Beurteilungs-methodik	Ergebnisse
M2	Keller (2000)	k.A.	10 interne Dimensionen	Scoringmodell ohne Gewichtung	k.A.
	Homburg/Richter (2003)	Beleg der Beurteilungen durch Quellen	4 interne Dimensionen	Scoringmodell ohne Gewichtung	Profil der Dimensionen; Typische Profile
	Jenner (2005)	Auditorenteam aus internen und externen Experten	4 interne und externe Dimensionen der Marke	k.A.	k.A.
	Wheeler (2006)	Mehrstufiger, aber grundsätzlich offener Prozess; Vielzahl von berücksichtigten Quellen	Marketing, Wettbewerb, Stakeholder, Sprache	k.A.	Präsentation, Auditraum
	Keller (2008)	Externe Auditoren	2 Dimensionen: Brand Inventory and Brand Exploratory	Qualitative Beschreibung	k.A.
	Olins (2008)	Checkliste	13 Markenkontaktpunkte	k.A.	k.A.
	Baumgarth/Binckebanck (2012)	Checkliste, Skala	5 Dimensionen	Scoringmodell	k.A.
MK2	Scott (2000)	k.A.	Externe Sichtweise	k.A.	k.A.
	Baumgarth (2011)	Externe Auditoren Fünfstufiger Auditprozess	6 interne und 6 externe Dimensionen	Scoringmodell	Spinnennetzdiagramm; Vergleich mit einer Datenbank
	Evans/Bridson (2013)	k. A.	3 Dimensionen	k. A.	k. A.
	Bekmeier-Feuerhahn/Sikkenga (2008)	k.A.	3 interne Dimensionen	Empirische Gewichtung	k.A.

Kategorie	Quelle	Organisation	Modell	Beurteilungs-methodik	Ergebnisse
	Baumgarth (2009); Baumgarth/	k.A.	4 interne Dimensionen	Empirische Gewichtung	Profil der Dimensionen
	Freund (2009)				

M1: Marketingaudit; MK1: Marketingaudit im Kultursektor; M2: Markenaudit; MK2: Markenaudit im Kultursektor; k.A.: keine Aussagen

Insgesamt bleibt festzuhalten, dass die meisten Anregungen zum Prozess eines kulturspezifischen Markenaudits aus den Erfahrungen und Empfehlungen zum Marketingaudit abgeleitet werden können. Auch zum grundsätzlichen Beurteilungsprozess eines Markenaudits im Kultursektor liefern die Arbeiten zum Marketingaudit wichtige Impulse. Für die Ableitung des zugrunde liegenden Markenmodells des neuen Markenaudits für Kulturinstitutionen (MAK) hingegen sind die Arbeiten zum Markenaudit (generell, Kultursektor) fruchtbarer. Im Folgenden wird daher ein Ansatz entwickelt, der eine Synthese der bisherigen Ansätze zum Marketing- und Markenaudit darstellt sowie im Sinne eines Action Researchs (allg. McKniff/Whitehead 2011) auf praktischen Erfahrungen aufbaut.

3 Markenmodell als Basis von MAK

3.1 Überblick

Ziel der Entwicklung des Markenaudits für Kulturinstitutionen (MAK) ist es, einen holistischen Ansatz zur Beurteilung einer Marke im Kultursektor zu schaffen. Die Beurteilung bezieht sich auf den **Besuchermarkt**. Zentraler Baustein des MAKs bildet zunächst das in diesem Kapitel dargestellte Markenmodell, welches holistisch die Marke einer Kulturinstitution abbildet und als Basis für die Umsetzung des MAKs dient (vgl. Kap. 4).

Zur Modellentwicklung wurden auf der Basis der allgemeinen Markenliteratur (z. B. Baumgarth 2008a; de Chernatony/McDonald/Wallace 2011; Esch 2012; Kapferer 2012; Keller 2008; Meffert/Burmann/Koers 2005) sowie den Publikationen zur Kulturmarke (Bekmeier-Feuerhahn/Trommershausen 2006; Dreyer/Wiese 2002; Höhne/Ziegler 2006, 2009; Höhne/Bünsch/Ziegler 2011; John/Günter 2008; Klein 2007; Massi/Harrison 2009; Rohde 2007; Wallace 2006) zunächst alle Indikatoren einer starken Kulturmarke (verstanden als Marke für eine Kulturinstitution wie Theater, Museum etc.) gesammelt. In einem weiteren Schritt erfolgte eine Verdichtung dieser Indikatoren zu Dimensionen, die anschließend drei übergeordneten Faktoren zugeordnet wurden. Diese Faktoren werden mit den Begriffen **Potentialfaktoren, Markenkontaktpunkte** und **Markenperformance** bezeichnet. Insgesamt umfasst das vollständige MAK-Markenmodell **3 Faktoren** mit **15 Dimensionen** und **83 Indikatoren**. Die Faktoren, Dimensionen und Indikatoren werden im Weiteren vorgestellt und begründet. Weiterhin erfolgt zur besseren Veranschaulichung die Integration von jeweils einem Praxisbeispiel aus dem Kulturbereich pro Dimension.

3.2 Markenfaktoren, -dimensionen und -indikatoren

3.2.1 Potentialfaktoren

3.2.1.1 Markenorientierung

Basis für eine starke Marke im Kultursektor ist die interne Verankerung der Philosophie innerhalb der Kulturinstitution. Die Markenwerte müssen intern gelebt (Unternehmenskultur) und vorgelebt (Leadership) werden. Als übergeordnete Dimension dafür hat sich in der Literatur das Konzept der Markenorientierung etabliert (z. B. Urde 1999). Auch im Kultursektor konnte für den Museumsbereich empirisch nachgewiesen werden, dass eine hohe Markenorientierung sich positiv auf den kulturellen, marktbezogenen und finanziellen Erfolg auswirkt (Baumgarth 2009, vgl. Kap. 1.3.2). Im Folgenden werden mit einer markenfördernden Unternehmenskultur und Leadership zwei Facetten voneinander abgegrenzt.

a) Unternehmenskultur

Allgemein beschreibt die **Unternehmenskultur** ein Muster gemeinsamer Werte und Grundannahmen, welche die Mitglieder einer Institution durch Sozialisation erlernt haben und auch tatsächlich leben (Schein 2004). Eine markenorientierte Unternehmenskultur ist zwar ein „weicher" Faktor, aber er erzeugt ein starkes „Wir-Gefühl", motiviert und steuert auch ohne direkte Anweisungen und Kontrolle durch eine gemeinsame Orientierung das Denken des Einzelnen und koordiniert damit auch das Handeln der Akteure. Dies führt dazu, dass eine starke Unternehmenskultur auch in Bezug auf alle weiteren Potentialfaktoren der Markenführung und auch bei der Gestaltung der Markenkontaktpunkte zu einer impliziten Abstimmung führt. Diese interne Markenwirkung (Baumgarth/Schmidt 2010) fördert wiederum eine konsistente Markenwahrnehmung auf den Besuchermärkten. Als zentrale Faktoren für eine „gesunde" markenorientierte Unternehmenskultur wird auf folgende Indikatoren abgestellt:

(1) Markenverständnis

Ein hohes Markenverständnis liegt vor, wenn die Marke von den Mitarbeitern als wichtig für den Bestand und den Erfolg der Kulturinstitution angesehen wird und alle Mitarbeiter ein gemeinsames Wissen und Verständnis über die Werte und die Philosophie der Kulturinstitution haben. Die Marke muss in den **Köpfen aller Mitarbeiter verankert** sein. Nur unter dieser Voraussetzung können Mitarbeiter markenkonform denken und handeln. Das Markenverständnis bezieht sich somit sowohl auf die Markenrelevanz als auch auf die konkrete Positionierung der Kulturinstitution.

(2) Verbundenheit mit der Marke (Markencommitment)

Markencommitment bezeichnet die **emotionale Bindung** der Mitarbeiter zur Kulturinstitution und umfasst auch die Überzeugung, die Marke gegenüber Dritten darzustellen (Esch/Hartmann/Gawlowski 2010; Strödter 2008; Zeplin 2006). Hohes Markencommitment führt zu Teamgeist und positivem Zusammengehörigkeitsgefühl („Wir-Gefühl").

(3) Engagement und Initiative (Extra-Role-Behavior)

Das Extra-Role-Behavior umfasst das konkrete Mitarbeiterverhalten (Esch/Fischer/Hartmann 2008) mit der **Initiative des Einzelnen**, aus eigenem Antrieb Verbesserungen zu bewirken, Lösungen zu entwickeln und für einen abteilungsübergreifenden Kommunikationsfluss zu sorgen. Ebenso beinhaltet es die Weiterleitung von Informationen oder Erfahrungen durch die einzelnen Mitarbeiter an alle relevanten Stellen (Bringschuld). Damit werden Erfahrungen und Beispiele ausgetauscht und die Kulturinstitution profitiert als Ganzes, über Markenverantwortungsbereiche und Abteilungen hinaus.

(4) Offenheit

Die Offenheit der Unternehmenskultur ist durch ein **abteilungsübergreifendes** Denken und Handeln und Kommunizieren gekennzeichnet, welches eine Einbindung aller Mitarbeiter einschließt. Eine offene Unternehmenskultur, die auch Kritik zulässt und positiv nutzt und dem einzelnen Mitarbeiter **Verantwortung überträgt,** ist gleichzeitig Voraussetzung für die Kommunikation mit externen Partnern und Experten.

b) Leadership

Leadership (synonym Führung), als zweite Facette der Markenorientierung, umfasst das Vorleben der Marke durch die Top-Führungskräfte (Direktor, Intendanz und/oder Geschäftsführung). Durch entsprechende Führung werden alle Mitarbeiter dazu veranlasst und motiviert, die (festgelegten) Ziele der Institution zu erreichen (Klein 2009a, S. 73). Die Führungskraft sollte eine klare Vorstellung von der Markenpositionierung haben und diese in der sozialen Interaktion mit den Mitarbeitern auch kommunizieren, sowohl verbal durch eindeutige Kommunikationsmaßnahmen als auch nonverbal durch gelebte Werte, Commitment und Vertrauen (Baumgarth/Schmidt 2008; Vallaster/de Chernatony 2005, S. 187). Anhand der folgenden Indikatoren lässt sich Leadership beurteilen:

(5) Führungsstil

Ein markenfördernder Führungsstil (Esch/Vallaster 2005; Morhart/Herzog/Tomczak 2009), der sich durch eine klare Vorstellung des Vorgesetzten (Leiters, Direktors, Intendanten etc.) bezüglich der Ausrichtung der Kulturinstitution auszeichnet, **motiviert** und **begeistert** die Mitarbeiter. Die Führungspersönlichkeit sollte die Werte der Marke vorleben, wozu auch eine persönliche Ausstrahlung als Identifikationsfigur und eine Vorbildfunktion gehören (Jenewein/Heidbrink 2008, S. 47).

(6) Kommunikation

Für die Mitarbeiter ist es wichtig, dass die Kommunikation der Führung in Bezug auf die Marke und deren Philosophie **eindeutig**, **regelmäßig** und **widerspruchsfrei** (konsistent) in der Interaktion mit den Mitarbeitern erfolgt (Esch/Fischer/Strödter 2008).

(7) Markenexpertise

Die Führungskraft sollte spezifische Kenntnisse, Erfahrungen und Qualifikationen auf den Gebieten Marketing und Markenführung vorweisen.

(8) Entscheidung

Die Entscheidungen der Führung in Bezug auf die Marke sollten **klar**, **begründet** und **nachvollziehbar** sein. Weiterhin sollten die Entscheidungswege und -befugnisse eindeutig festgelegt sein.

(9) Beständigkeit

Für die Entwicklung einer starken Marke ist auch eine **personelle Kontinuität** auf der Führungsebene sinnvoll, da neue Führungskräfte häufig ihre Tätigkeit mit der Veränderung der Marke bzw. dem Branding beginnen. Zwar sind Personalwechsel auf der Führungsebene unvermeidlich und auch notwendig, entscheidend ist aber, ob der oder die Nachfolger die Ausrichtung des Vorgängers fortsetzen und weiterentwickeln oder aber radikal ändern.

Praxisbeispiel 1 verdeutlicht am Beispiel des Photographiemuseums *C/O Berlin* eine Kulturinstitution mit einer hohen Markenorientierung.

Praxisbeispiel 1: Markenorientierung *C/O Berlin*

Kurzportrait

C/O Berlin, welches sich selbst als „International Forum for Visual Dialogues" bezeichnet, ist ein Ausstellungshaus für Fotografie. Seit dem Jahr 2000 präsentiert *C/O Berlin* ein lebendiges, kulturelles und internationales Programm, zeigt Werke renommierter Künstler, organisiert Veranstaltungen und fördert junge Talente. *C/O Berlin* ist eine private Institution und zeichnet sich durch modernes unternehmerisches Denken und zeitgemäßes Kulturmanagement aus. Intensive Vermittlungsarbeit vor Ort und enge Kooperationen mit Institutionen weltweit machen *C/O Berlin* zu einem einzigartigen Ort des kulturellen Austausches in Deutschland.

Begründung

C/O Berlin ist ein Best-Practice-Beispiel für die unternehmenskulturelle Größe **Markenorientierung**. *C/O Berlin* hat seine Einzigartigkeit bewusst erzeugt, definiert sich als individueller Anbieter besonderer Leistungen und hat zielgerichtet eine Marke geschaffen. Diese Marke – das hat *C/O Berlin* erkannt und umgesetzt – muss auch **intern verankert** sein, um einen einheitlichen Markenauftritt und somit auch eine Orientierung bezüglich der Marke auf Besucherseite nach außen hin gewährleisten zu können.

Grundlage für die Erreichung dieses Ziels sind die **Führungspersonen** und deren **Verhalten**. Diese zeichnen sich bei *C/O Berlin* durch **Charisma, Begeisterung** und **demokratisches Handeln** aus. Der Führungsstil schafft Identifikation der Mitarbeiter mit der Institution, motiviert und fördert die Kommunikation. Die drei Gründer – Stephan Erfurt (Fotograf), Marc Naroska (Designer) und Ingo Pott (Architekt) – bilden ein Team mit ergänzenden Kompetenzen, welches *C/O Berlin* **seit über 13 Jahren** eine klare und einheitliche Richtung vorgibt.

Das **Wissen** um die **Expertise** der Führung sowie deren **Konstanz** schaffen Vertrauen in die Entscheidungen der Leitenden auf Mitarbeiterseite. Zudem sorgt Transparenz für einen stabilen Rahmen, an dem sich der einzelne Mitarbeiter orientieren und innerhalb dessen er die Marke selbst leben kann.

Dies führt zur nächsten Stufe der Markenorientierung: **Einbeziehung der Mitarbeiter**. Das laufende Informieren der Angestellten schafft Sicherheit und Akzeptanz gegenüber der Führung. Durch das **Vorleben der Markenidentifikation** durch ebendiese sollte idealerweise eine emotionale Bindung zwischen Mitarbeiter und Marke entstehen, was bei *C/O Berlin* deutlich wahrnehmbar ist und sich auch durch die intensive individuelle Verbundenheit der Mitarbeiter mit dem Kultursektor erklären lässt. Mitarbeiter aus dem Bereich der Fotografie und Kunstwissenschaften wurden dabei gezielt aufgrund ihrer natürlichen Affinität für die Marke ausgewählt. Daraus ergibt eine **intrinsische Motivation** der Mitarbeiter, sich an der Organisationsgestaltung der Institution zu beteiligen, wobei eine einheitliche Arbeitsphilosophie dabei von entscheidender Bedeutung ist. Alle Mitarbeiter von *C/O Berlin* sind sich über die Definition der eigenen Kulturmarke bewusst und teilen ein gemeinsames Bild der Aufgaben, Inhalte und erwünschten Wirkungen von *C/O Berlin*.

Des Weiteren ergibt sich aus der offenen Unternehmenskultur von *C/O Berlin* ein **abteilungsübergreifendes Denken und Handeln,** das die Mitarbeiterverantwortung stärkt, somit motiviert und Kreativität sowie Engagement schafft. Diese wesentlichen Katalysatoren der Unternehmensdynamik sind schließlich auch nach außen für den Besucher wahrnehmbar und fördern die Besucheridentifikation.

Quelle: C/O (2013)

3.2.1.2 Positionierung

Die **Positionierung** legt die grundsätzliche Ausrichtung der Kulturmarke auf dem Besuchermarkt fest und stellt damit eine bewusste Entscheidung der Führungsebene dar (z. B. Baumgarth 2008a, S. 129). Verwandte Konzepte, die aber häufig weniger stark den Besuchermarkt adressieren, sind Leitbilder, Wertekataloge, Mission oder Vision.

Die Literatur diskutiert verschiedene Anforderungen, die an eine Erfolg versprechende Positionierung zu stellen sind (z. B. Baumgarth 2008a, S. 130 f.; Großklaus 2006, S. 32 f.; Homburg/Richter 2003, S. 13). Im Einzelnen sind folgende Indikatoren von besonderer Bedeutung:

(10) Präzise und prägnante Festlegung

Eine Positionierung kann erst dann zur internen Orientierung dienen, wenn diese klar und eindeutig bestimmt wurde. Dies erfolgt idealerweise in einer **schriftlichen Festlegung**, wobei diese möglichst kurz und für alle Mitarbeiter verfügbar sein sollte.

(11) Relevanz

Die Positionierung sollte Eigenschaften oder Werte aufweisen, die für die **Besucher relevant** sind. D. h. die Inhalte der Positionierung müssen dem Besucher einen Nutzen bzw. ein Erlebnis liefern. Dabei ist es durchaus denkbar und sinnvoll, dass diese Positionierung für spezielle Zielgruppen wie Kinder, Touristen oder Experten spezifiziert wird. Eine Kategorisierung von möglichen Erlebnissen und Motiven zeigt Tabelle 3 (weiterführend auch Föhl 2011; Keuchel 2005; Mandel 2008; Reuband/Mishkis 2005).

Tabelle 3: Spektrum möglicher Besuchererlebnisse

Erregung	Unterhaltung	Soziale Motive	Erbauung	Wissens-erweiterung
• Spannung • Abenteuer • Phantasie • Eindringliche Erlebnisse	• Spaß • Spiel • Vergnügen • Abwechslung/ Zerstreuung	• Soziale Beziehungen/ Kommunikation mit Gleichgesinnten/ Treffpunkt • Prestige	• Grübeln • Meditation • Träumen • Reflexion • Ästhetische Erfahrung	• Entdeckung/ Experimentieren • Eigene Beobachtung • Einsicht/Verstehen von größeren Zusammenhängen • Neues Wissen • Entwicklung eigener Fähigkeiten

(Quelle: zusammengestellt aus Kolb 2005, S. 91 ff.; Kotler/Kotler/Kotler 2008, S. 136)

(12) Authentizität

Die in der Markenpositionierung festgelegten Aussagen sollten von der Kulturinstitution glaubwürdig umgesetzt und gelebt werden, damit sie authentisch wirkt (Beverland 2009; Beverland/Farelly 2010). Menschen und damit auch Besucher streben nach Authentizität (Gilmore/Pine II 2007). Konkret sollte die Kulturinstitution praktische Beispiele aufweisen und benennen können, welche die einzelnen Aussagen der Positionierung für den Besucher **erlebbar** machen. Darüber hinaus sollte die Positionierung in der **Geschichte** und **Tradition** der Institution glaubwürdig verankert sein (Kotler/Kotler/Kotler 2008, S. 86).

(13) Differenzierung

Kulturinstitutionen stehen zunehmend im Wettbewerb um Aufmerksamkeit und Besucher. Daher sollte eine „gute" Positionierung Unterschiede und **Abgrenzung zu Wettbewerbern** aufweisen. Dazu ist es zunächst notwendig, dass die Kulturinstitution seine Wettbewerber inklusive deren Ausrichtung benennen kann und Unterschiede zu diesen aufweist.

(14) Nachhaltigkeit

Die Positionierung einer Kulturinstitution entfaltet seine Wirkung erst mittel- und langfristig, da diese zunächst in konkrete Maßnahmen (z. B. Kommunikation, Ausstellungskonzepte) umgesetzt werden muss. Weiterhin stellen Positionierungen aus Sicht der Besucher Lernkonstrukte dar. Weil diese erst eine positive Wirkung entfalten, wenn ein größerer Teil der Besucher die Eigenschaften und Werte, für welche die Kulturinstitution stehen soll, gelernt hat. Daher ist es notwendig, dass eine einmal fixierte Positionierung langfristig bestehen bleibt (**Kontinuität**) und nur, wenn überhaupt, vorsichtig und sorgfältig begründet adaptiert wird.

Praxisbeispiel 2 verdeutlicht am Beispiel des *Vitra Design Museums* ein gelungenes Beispiel für eine Markenpositionierung im Kulturumfeld.

Praxisbeispiel 2: Markenpositionierung *Vitra Design Museum*

Kurzportrait

Das *Vitra Design Museum* wurde 1989 von Rolf Fehlbaum, dem Eigentümer der Firma *Vitra*, gegründet und hat sich seit den 1990er Jahren zum Veranstalter großer, international beachteter Ausstellungen entwickelt. Parallel dazu begann das Museum mit dem Aufbau eines bis heute erfolgreichen Systems von Wanderausstellungen.

Heute zählt das *Vitra Design Museum* zu den führenden Designmuseen weltweit. Viele Ausstellungen entstehen in Zusammenarbeit mit bekannten Designern und befassen sich mit zeitgenössischen Themen wie Zukunftstechnologien, Nachhaltigkeit oder sozialer Verantwortung, wobei jede Ausstellung um ein vielfältiges Begleitprogramm aus Events, Führungen und Workshops ergänzt wird.

Begründung

Der Grund für den besonderen, internationalen Erfolg des *Vitra Design Museums* sowie für seine Bekanntheit ist insbesondere in der klaren Positionierung des Museums auf dem Kulturmarkt zu sehen. Die Idee, ein Museum eigens für Design zu kreieren, welches diese Kunstform von verschiedensten Seiten betrachtet und Entwicklung beleuchtet und fortführt, stellt einen fokussierten Ansatz dar, der eine bestimmte Nachfrage auf dem Kulturmarkt trifft und zugleich schafft. Auf seiner Homepage formuliert das *Vitra Design Museum* seine Positionierung explizit, welche zugleich auch die Mission impliziert, folgendermaßen: „*Das Vitra Design Museum zählt zu den führenden Designmuseen weltweit. Es erforscht und vermittelt die Geschichte und Gegenwart des Designs und setzt diese in Beziehung zu Architektur, Kunst und Alltagskultur.*"

Diese Positionierung ist **schriftlich fixiert** und **klar kommuniziert**. Weiterhin ist sie durch die Schwerpunktsetzung auf Design und die Verbindung des Designs mit Architektur, Kunst und Alltagskultur **fokussiert** und im Vergleich zu anderen Museen **differenzierend**. Auf diese Weise wird das Museum für den Besucher zum „Anker", welcher im Vergleich mit anderen Designmuseen neue Maßstäbe setzt.

Diese Positionierung wird vom *Vitra Design Museum* entsprechend **umgesetzt** und **mit Leben gefüllt**. Neben der Architektur und den eigentlichen Kernleistungen zeigt sich die Umsetzung auch in der professionellen Kommunikation, insbesondere über die Homepage

> (www.design-museum.de), welche ein klares Bild des Museums, seiner Leistungen und Ziele zeigt und vielfältige Informationsmöglichkeiten über das breite Zusatzangebot des Museums offeriert. Zudem wird das Museum seiner internationalen Ausrichtung und dem Ziel einer weltweiten „Distribution" gerecht, indem eine Übersetzung der Seite in zehn Sprachen angeboten wird – ein weiteres Alleinstellungsmerkmal der Marke *Vitra Design Museum*.
>
> Des Weiteren veranstaltet das Museum besondere Events und Führungen, wobei letztere angepasst an die verschiedenen Zielgruppen wie beispielsweise Architekten oder Schulgruppen angeboten werden, was eine hohe Besucherorientierung des *Vitra Design Museums* aufzeigt. Workshops ermöglichen überdies die Interaktion zwischen Besucher und Ausstellungsstücken und forcieren den Beziehungsaufbau zur Marke *Vitra Design Museum*.
>
> Durch die klare Positionierung sowie deren konsequente Umsetzung gelingt dem *Vitra Design Museum* die Schaffung einer unverwechselbaren Stellung beim Besucher und als Marke im Verhältnis zu Wettbewerbern.
>
> Quelle: Vitra Design Museum (2013)

3.2.1.3 Markenstrategie

Im Kern legt die **Markenstrategie** die Beziehung zwischen der/den Kulturmarke(n) und den angebotenen Kulturleistungen fest (Baumgarth 2008a, S. 142). Im Kulturbereich geht es dabei insbesondere um die Frage nach der Anzahl der Marken sowie um die Klarheit der Markenarchitektur. Um die Markenstrategie zu überprüfen, kann insbesondere auf folgende Indikatoren abgestellt werden:

(15) Stärkung der Dachmarke

Viele Kulturinstitutionen arbeiten dabei mit Dachmarkenkonzepten. In diesem Fall ist die Markenstrategie daraufhin zu prüfen, ob eine Dachmarke ausreichend ist, um die Gesamtheit der angebotenen Kern- und Zusatzleistungen (z. B. Ausstellung, Aufführungen, Freundeskreis, Restaurant etc.) abzudecken. Die Leistungen von Kulturanbietern lassen sich dabei in vier Kategorien einteilen (vgl. Tabelle 4).

Tabelle 4: Kern- und Zusatzleistungen von Kulturanbietern

	Kernleistung	**Zusatzleistung**
kontinuierlich	**Museum**: Dauerausstellung **Theater**: Eigenes Ensemble	**Museum**: Shop, Restaurant, Freundeskreis, Raumvermietung **Theater**: Shop, Restaurant, Freundeskreis, Raumvermietung
temporär	**Museum**: Sonderausstellung **Theater**: Einzelne Aufführung, Showprogramm, Gastspiel	**Museum**: Nacht der Museen, spezielle Kulturvermittlungsformate **Theater**: Premierenfeier/Matinee

(16) Umfang der Marke (Markentransfer)

Falls mehrere Marken Verwendung finden, ist zu beurteilen, ob die Struktur und Zuordnung klar und für den Besucher nachvollziehbar sind. Dies gilt insbesondere bei einem größeren Umfang der Marke und vielfältigen Markentransfers (Völckner 2003). Im Idealfall sollten alle Leistungen und deren Markierungen einen **deutlichen Bezug** zur jeweiligen **Dachmarke** der Kulturinstitution aufweisen. Dabei ist darauf zu achten, dass es bei allen Leistungen einen engen und passgenauen Fit zur Dachmarke gibt, da letztlich das Ziel nicht die Stärkung von einzelnen Ausstellungen oder Serviceleistungen ist, sondern die Stärkung der Institutionenmarke. Der Besucher neigt zu einem Entscheidungsverzicht bei Unübersichtlichkeit. Es besteht der Wunsch des Besuchers nach Einfachheit und kognitiver Entlastung („Mental Convenience"), weil nur begrenzte kognitive Kapazitäten zur Verfügung stehen (allg. Esch 2012, S. 30; Iyengar/Lepper 2000).

(17) Aktualität und Abwechslung

Gleichzeitig gilt auch, dass die Markenstrategie so gestaltet sein muss, dass die Kulturinstitution notwendige Aktualität, Besonderheiten und Abwechslung im Programm entsprechend darstellen kann. Dieses zunehmende Bedürfnis nach Abwechslung wird auch als Variety Seeking bezeichnet (Bänsch 1995; Baumgarth 2008a, S. 15 ff.; Hohl/Koch 2013; Tscheulin 1994).

Praxisbeispiel 3 illustriert am Beispiel des Varietés *Wintergarten Berlin* die gute Balance zwischen eindeutiger Dachmarkenstrategie und Kommunikation von Aktualität und Abwechslung.

Praxisbeispiel 3: Markenstrategie *Wintergarten Berlin*

Kurzportrait

Das Varieté *Wintergarten Berlin* entstand im Jahre 1880 im Wintergarten des damaligen Hotels „Central" in der Friedrichstraße in Berlin und gewann aufgrund seines außergewöhnlichen Programmes überregionale Bekanntheit. Mit einer wechselvollen Geschichte bietet das Varieté bis heute abwechslungsreiches und unterhaltsames Programm. Der *Wintergarten Berlin* bietet Musik, Varieté und Show und unterhält seine Gäste mit Newcomern sowie internationalen Stars der Varieté-Szene in einer einzigartigen Atmosphäre, ohne dabei seine traditionelle Identität zu verlieren.

Begründung

Der *Wintergarten Berlin* ist aus mehreren Gründen ein Best-Practice-Beispiel für die Markenstrategie im Bühnenbereich: Zum einen hat es der *Wintergarten Berlin* geschafft, sehr unterschiedliche Angebote zu offerieren und zugleich jede einzelne Darbietung mit der Marke *Wintergarten* deutlich und wiedererkennbar zu verknüpfen. Im Vergleich zur Vergangenheit

Markenfaktoren, -dimensionen und -indikatoren 63

dominiert nicht mehr die einzelne Show, sondern die **Dachmarke** *Wintergarten Berlin* (vgl. Abbildung 8).

Abbildung 8: Dachmarkenstrategie *Wintergarten Berlin*

Seit der Wiedereröffnung im Jahre 2009 findet eine **klare Markierung** des *Wintergartens* auf allen Printmedien sowie sonstigen Werbemitteln statt. Auf diese Weise steht die Marke *Wintergarten Berlin* als Dachmarke im Vordergrund und schafft eine Vertrauensbasis zwischen dem Betrachter und der dargestellten Leistung. Die mit der Dachmarke bekannte Qualität und Ausrichtung des *Wintergartens* wird automatisch auf die neue Leistung übertragen. Gleichzeitig wird dem Bedürfnis des Besuchers nach **Abwechslung** durch das Angebot unterschiedlicher Showformate entsprochen.

Weiterhin ist es gelungen, den guten Ruf sowie die Bekanntheit der Marke zu nutzen, um sie im Rahmen eines **Markentransfers** über das klassische Varieté-Programm hinaus auf andere Angebote zu übertragen. Dazu wird die Dachmarke um **Submarken,** wie zum Beispiel „Shows" und „Sonderformate" sowie das saisonale Weihnachtsvarieté oder die sogenannten „Spotlights" ergänzt.

Auf diese Weise erweitert der Wintergarten seine Marke auf **verschiedene Zielgruppen**, kann unterschiedlichen Gästebedürfnissen entsprechen und somit eine breitere Abschöpfung des Marktes erzielen. Dabei hat das Berliner Varieté seine Markenidentität und Authentizität stets bewahrt. Alle Angebote des Varietés fügen sich in die ursprüngliche, traditionelle Varieté-Umgebung, die das Haus mit seiner prunkvollen Ausstattung erzeugt und sind kompatibel mit dem Unterhaltungsformat der Bühne.

> Schließlich nutzt der *Wintergarten* seine Marke, indem er sein Sortiment um ein kulinarisches Angebot erweitert, welches jedoch nur in Kombination mit dem Bühnenprogramm angeboten wird und so einen direkten Bezug zum *Wintergarten* schafft. So ergänzen verschiedene Mehrgangmenüs das Erleben der Shows um einen kulinarischen Genuss, schaffen Markenbezüge und stärken somit die Beziehung des Gastes zu der Kulturinstitution.
>
> Quelle: Wintergarten (2013)

3.2.1.4 Markenorganisation

Die Qualität der Markenführung von Kulturinstitutionen hängt in entscheidendem Maß auch von der Organisation inklusive der personellen Ausstattung der Markenführung ab. Folgende Indikatoren werden hierbei beurteilt:

(18) Organisatorische Einheit

Ein erster Indikator evaluiert das Vorhandensein einer entsprechenden organisatorischen Einheit, die nicht nur eindeutig für Markenführung verantwortlich ist, sondern auch über eine **entsprechende Machtbasis** verfügt, markenrelevante Entscheidungen trifft und diese auch intern umsetzen kann (Homburg/Richter 2003, S. 45 ff.). Dieser Indikator beinhaltet auch die eindeutige Definition der Verantwortlichkeiten.

(19) Ressourcenausstattung

Einen zweiten Indikator stellen die verfügbaren **zeitlichen** und **finanziellen Ressourcen für** Markenführung und Marketing dar. Da im Kulturbereich die Personaldecke aus finanziellen Gründen häufig dünn ausfällt, beurteilt dieses Kriterium zunächst, ob der oder die Markenverantwortliche(n) überhaupt ausreichende zeitliche Kapazitäten für Markenführung besitzen. Als Indikator für ausreichende Kapazitäten wird auf volle Stellen für Marketing und Kommunikation abgestellt. Weiterhin wird evaluiert, ob für die Markenführung entsprechende Budgets zur Verfügung stehen. Aus Vereinfachungsgründen wird dabei auf das Budget für Öffentlichkeitsarbeit und Werbung zurückgegriffen. Nach einer Studie des Instituts für Museumsforschung aus dem Jahre 2009 (Institut für Museumsforschung 2010) gaben knapp 67 % der Museen bis 2.500 € für Werbung und Öffentlichkeitsarbeit (geringes Budget), rund 21 % zwischen 2.501 und 12.500 € (mittleres Budget) und etwas mehr als 12 % über 12.500 € pro Jahr aus (hohes Budget). Zwar beziehen sich diese Zahlen nur auf den Museumsbereich, und es liegen auch keine relativen Zahlen vor, die das Budget ins Verhältnis zu den Gesamtausgaben oder der Größe des Hauses setzen, diese Einteilung kann aber grundlegend als Indikator für die verfügbaren finanziellen Ressourcen verwendet werden.

(20) Expertise und Kompetenz

Einen dritten Indikator stellt die Expertise und Kompetenz der Markenverantwortlichen in Bezug auf Markenführung dar. Neben der (formalen) Ausbildung (Studium, Weiterbildung) kann diese Expertise auch auf Erfahrungen in klassischen Unternehmen oder Dienstleistungsunternehmen (z. B. Werbeagenturen) basieren.

(21) Koordination Freundeskreis

Für die Koordination des Freundeskreises sollte ebenfalls eine **klare Verantwortlichkeit** mit entsprechendem Ansprechpartner vorhanden sein. Zudem sollte die Kulturinstitution den Freundeskreis unterstützen und eine organisatorische Anbindung an die jeweilige Institution explizit schaffen (Baumgarth/Kaluza 2012).

(22) Koordination ehrenamtlicher Mitarbeiter

Ehrenamtliche Mitarbeiter leisten freiwillige und unentgeltliche Arbeit für eine Kulturinstitution z. B. im Rahmen von Museumsführungen, Aufsichten, Mitgliederwerbung, Besucherbetreuung oder Mitarbeit im Museumsshop. Für viele Kulturinstitutionen sind ehrenamtliche Mitarbeiter existentiell. Gleichzeitig muss die Integration dieser auch im Zusammenspiel mit festen Mitarbeitern organisiert und bewusst gesteuert werden (weiterführend zu Ansprüchen von Ehrenämtern: von Knop 2006, S. 143 ff.). Für die Koordination und Betreuung von ehrenamtlichen Mitarbeitern sollte es ebenso wie für den Freundeskreis eine **verantwortliche Stelle** geben. Nur so kann eine sinnvolle Beteiligung von Freiwilligen in den Betrieb der Kulturinstitution erfolgen (Birnkraut 2012; Knop 2006, S. 141 ff.).

(23) Zusammenarbeit mit Marketingdienstleistern

Ein weiteres Merkmal der Markenorganisation basiert auf der Hinzuziehung von externer Expertise. Dabei sind insbesondere solche Agentur- und Marketingdienstleiterbeziehungen für den Aufbau und Entwicklung der Markenstärke erfolgskritisch, die auf einer hohen Qualität und Expertise der Dienstleister sowie auf einer langjährigen Zusammenarbeit mit diesen basieren. Dadurch kann zum einen auf Seiten der Dienstleister ein tiefes Verständnis für die Kulturmarke aufgebaut werden, und zum anderen kann sich die Kulturinstitution fehlendes Knowhow aneignen.

Praxisbeispiel 4 zeigt am Beispiel des *Konzerthauses Berlin* die Umsetzung einer guten Markenorganisation.

> **Praxisbeispiel 4: Markenorganisation *Konzerthaus Berlin***
>
> **Kurzportrait**
>
> Das zentral am Gendarmenmarkt gelegene *Konzerthaus Berlin* wurde in seiner heutigen Form im Jahr 1984 gegründet und präsentiert ein vielfältiges Programm, welches von Sinfoniekonzerten über Kammermusik, Musiktheaterproduktionen über spezielle Kinderkonzerte sowie von Klassischer bis hin zu Moderner Musik reicht. Das hauseigene Orchester bespielt die meisten dieser Veranstaltungen, jedoch runden Auftritte von Musikern aus aller Welt das Programm ab.
>
> **Begründung**
>
> Das *Konzerthaus Berlin* ist ein Best Practice-Beispiel für die Dimension Markenorganisation, weil die **Marketing-Funktion klar** in den organisatorischen Aufbau integriert ist. Die Verantwortlichkeiten im Bereich Marketing sind hier eindeutig in den Positionen des „Direktors für Marketing und Vertrieb" sowie der „Leiterin Medien- und Öffentlichkeitsarbeit" verankert. Ein Team aus derzeit 15 Personen kümmert sich um die Aufgabenbereiche „Medien- und Öffentlichkeitsarbeit" und „Marketing und Vertrieb". Es lässt sich demnach festhalten, dass das *Konzerthaus Berlin* als Kulturinstitution im Bereich Marken- und Marketingorganisation in Bezug auf **personelle Kapazitäten** gut aufgestellt ist.
>
> Das *Konzerthaus Berlin* kann weiter als ein Vorbild für sein **Management von ehrenamtlichen Mitarbeitern** dienen. In der Saison 2003/04 wurde ein Programm für Ehrenamtliche entwickelt, welches das Serviceangebot des *Konzerthauses Berlin* unterstützt. Die ehrenamtlichen Mitarbeiter beantworten während des Konzertabends Fragen der Besucher und bieten täglich Rundgänge durch das Konzerthaus an. Die ehrenamtlich Tätigen sind in die Organisationsstruktur des *Konzerthauses Berlin* durch einen klar zugeordneten Ansprechpartner aus dem Bereich der Medien- und Öffentlichkeitsarbeit explizit integriert. Neben den Ehrenamtlichen bietet das Konzerthaus auch seinen Freunden und Förderern eine professionelle Organisation mit entsprechendem Ansprechpartner.
>
> Das *Konzerthaus Berlin* als Marketingorganisation wird durch die **intensive Zusammenarbeit mit einem Marketingdienstleiter** unterstützt. Zusammen mit *MetaDesign*, einer der führenden Corporate-Identity- und Branding-Agenturen, wurden für das *Konzerthaus Berlin* strategische Grundlagen für den neuen Markenauftritt entwickelt und die neue Positionierung in einen emotionalen kommunikativen Auftritt übersetzt. „Geschichten mit Musik […] erzählen" wurde als Leitmotiv des neuen Markenauftritts formuliert. Das Logo wurde entsprechend modernisiert und die neue Positionierung durch *MetaDesign* über alle Kommunikationskanäle professionell synchronisiert.
>
> Quellen: Konzerthaus (2013); MetaDesign (2013)

3.2.1.5 Interne Markenführung

Interne Markenführung beschäftigt sich mit den Fragen, in welcher Weise Mitarbeiter der Kulturinstitution markenorientiert handeln und welche Maßnahmen und Instrumenten ein solches Handeln fördern (Kernstock 2012). Das markenkonforme Verhalten von Mitarbeitern stellt somit die Zielgröße von Interner Markenführung dar (u. a. Kernstock/Brexendorf 2006). Die Interne Markenführung stärkt somit die Marke, weil die Verankerung der Marke bei den Mitarbeitern und die positive Einstellung zur Marke nach außen wirken.

Für die Beurteilung der Internen Markenführung wird in diesem Zusammenhang die instrumentelle Ebene der Internen Markenführung mit folgenden Indikatoren untersucht:

(24) Training und Schulung bezogen auf die Marke

Dieser Faktor umfasst Trainings, Schulungs- und Fortbildungsmaßnahmen der Mitarbeiter in Bezug auf die Markenpositionierung, die Relevanz des Einzelnen für die Wahrnehmung der Marke sowie die persönliche Markenkommunikation (Grüner 2006).

(25) Training und Schulung von externen Dienstleistern (mit Besucherkontakt)

Für den Besucher uns seiner Beurteilung der Kulturmarke spielt es keine Rolle, ob die Kontaktpersonen arbeitsvertraglich zur Kulturinstitution gehören oder zu einem externen Dienstleister. Daher sollte beim Einsatz externer Mitarbeiter, beispielsweise für das Kassen- und Aufsichtspersonal in Museen, gewährleistet sein, dass die externen Mitarbeiter ausreichend informiert und gebrieft sind, um auf Anfragen der Besucher reagieren zu können. Insgesamt sollte aus Markengesichtspunkten der Einsatz Externer wohl überlegt sein (Böhmer 2006).

(26) Interne Kommunikation

Interne Kommunikation als Werttreiber für Marken umfasst mehr als bloße Mitarbeiterinformation. Sie baut das Markenwissen der Mitarbeiter auf und beeinflusst die Einstellung der Mitarbeiter gegenüber der eigenen Marke (Esch/Fischer/Strödter 2008). Interne Kommunikation hat somit Auswirkungen auf die Markenkontaktpunkte, weil durch sie maßgeblich mitbestimmt wird, inwieweit die Marke von den Mitarbeitern getragen und unterstützt wird (Hubbard 2004). Typische **Kommunikationsmittel** der Internen Markenführung können u. a. folgende sein:

- direkt: Gespräche, Meetings, Versammlungen
- medial: Flyer, schriftliche Vorgaben, Druckerzeugnisse, Newsletter, klassische Werbung
- digital: Intranet, Social Media, Blog

(27) Zusammenarbeit von Marketing und Personal

Als ein weiterer wichtiger Indikator der Internen Markenführung wird die Zusammenarbeit von Marketing und Personalverantwortlichen beurteilt. Nur wenn die zuständigen Stellen und Kompetenzbereiche in enger Absprache zusammenarbeiten, kann die Interne Markenführung professionell umgesetzt werden, da speziell die Personalabteilung für alle Themen rund um die Mitarbeiterentwicklung verantwortlich ist.

(28) Markenorientierte Personalauswahl

Marke und Mitarbeiter müssen zusammenpassen. Das Verhalten der Mitarbeiter sollte keine Widersprüche zur angestrebten Markenidentität aufweisen. Insbesondere im Dienstleistungssektor ist die Markenwahrnehmung im direkten Kontakt mit dem Mitarbeiter mangels materieller Wahrnehmungsanker zentral (Henze 2012). Über die Angebotsgestaltung und die Planung und Gestaltung des kommunikativen Markenauftritts ist der Markenfit auch für Mitarbeiter ohne direkten Besucherkontakt relevant. Über eine markenorientierte Personalauswahl sollten Mitarbeiter rekrutiert werden, die einen großen persönlichen Fit zur Marke aufweisen (Burmann/Maloney 2008, S. 202). Hierbei sind sowohl die fachliche Eignung als auch die menschliche Passung und Motivation zu beachten (Jenewein/ Heidbrink 2008, S. 67).

Praxisbeispiel 5 beschreibt am Beispiel des *Freilichtmuseums Kiekeberg* einen umfassenden Ansatz der Internen Markenführung.

Praxisbeispiel 5: Interne Markenführung *Freilichtmuseum Kiekeberg*

Kurzportrait

Das Museum wurde 1953 gegründet, umfasst derzeit 33 historische Gebäude aus dem 17. bis 20. Jahrhundert auf einem zwölf Hektar großen Areal. Im Fokus des Museums steht die Kulturgeschichte der nördlichen Lüneburger Heide. Im Freilichtmuseum werden in den Ausstellungsgebäuden verschiedene Bereiche des ländlichen und landwirtschaftlichen Lebens thematisiert, wie z. B. die Technisierung der Landwirtschaft oder die Nachkriegszeit auf dem Land.

2012 eröffnete ein interaktives Schaumagazin zu Landwirtschaft und Ernährungsindustrie. Darüber hinaus finden das ganze Jahr hindurch viele Veranstaltungen rund um das Thema Landwirtschaft und Agrarkultur statt, und es werden Märkte und Konzerte auf dem Gelände des Freilichtmuseums veranstaltet. Das Museum stellt sowohl regional als auch überregional eine Besonderheit für die Erhaltung historischer landwirtschaftskultureller Aspekte dar.

Begründung

Das *Freilichtmuseum Kiekeberg* ist als Best Practice-Beispiel für die Dimension „Interne Markenführung" zu sehen. **Personalpolitik** und **Personalentwicklung** sind frühzeitig als wichtige Bestandteile der Museumsidentität erkannt und im Leitbild **schriftlich fixiert** worden, welches u. a. den werteorientierten und respektvollen Umgang mit Mitarbeitern als wichtigstes Kapital der Institution sowie eine faire Mitarbeiterpolitik fordert. Als 1987 die Trägerschaft an den Landkreis Harburg überging wurde das Museum in größerem Umfang neu strukturiert und viele neue Mitarbeiter eingestellt. Es wurde schon in dieser Zeit darauf Wert gelegt, ein **„Wir-Gefühl"** in der Belegschaft zu erzeugen. Dies konnte erfolgreich über eine starke Identifikation der Mitarbeiter mit dem Museum durch die Bestandteile Kommunikation, Informationen, Beteiligung der Mitarbeiter und einen kooperativen Führungsstil etabliert werden.

Die **Beteiligung der Mitarbeiter** an Planung und Entscheidungsfindung wird u. a. durch das Instrument eines engen und erweiterten Leitungsteams gewährleistet, welches Museumsleitung, Stellvertretende Leitung, Leitung Besucherservice, Volontäre und die Leiter der Außenstellen sowie die Vertreter der Handwerker, Aufsicht und Vertreter der behinderten Mitarbeiter umfassen. Die Mitarbeiter erstellen zudem ihre **persönliche jährliche Arbeitsplanung**. Das Instrument der **Projektorientierung** erhöht die Identifikation zusätzlich und spielt auch bei der Personalauswahl eine wichtige Rolle. Somit erfolgt eine markenorientierte Personalauswahl.

Eine Transparenz des gesamten Arbeitsbetriebes und der Arbeitsplanung erfolgt durch ein **regelmäßiges Controlling** sowie durch das Informationsmedium einer **Museumszeitung**, welche sowohl an die Mitarbeiter als auch an andere Stakeholder-Gruppen gerichtet ist. Das Freilichtmuseum ist sich über seine Außenwirkung bewusst und fördert den Umgang der Mitarbeiter mit den Besuchern über umfassende **betriebsinterne Fortbildungsprogramme**. Zudem ist das Corporate Design auf die **Arbeitskleidung** mit Logodruck und Namensbuttons übertragen worden. Auch hier wird intern Identifikation erzeugt und nach außen Sichtbarkeit gewährleistet. Die Interne Markenführung wird zudem über gemeinsame Aktivitäten der Belegschaft, wie eine **monatliche Frühstücksrunde**, den **jährlichen Betriebsausflug** und die **Mitarbeiterzeitung** umgesetzt. Für die ganzheitliche flexible und familienfreundliche Mitarbeiterpolitik hat das *Freilichtmuseum Kiekeberg* 2010 und 2013 die Auszeichnung „FaMi-Siegel" für besondere Maßnahmen zur Vereinbarkeit von Familie und Beruf (Gemeinschaftsinitiative Familiensiegel) erhalten.

Quellen: Kiekeberg (2013); Meiners (2002).

3.2.1.6 Markentools

Eine professionelle Markenführung für Kulturinstitutionen basiert auch auf dem Einsatz entsprechender „Tools" (zum Überblick von Markentools Baumgarth 2008a, S. 240 ff.), wobei im vorliegenden Kontext auf die Analyse der beiden zentralen Tools „Markencontrolling" und „CD-Richtlinien" abgestellt wird.

a) Markencontrolling

Das Tool „**Markencontrolling**" bildet die informatorische Basis für Markenentscheidungen und stellt Kontrollinstrumente zur Wirkungsanalyse zur Verfügung. Aus der Vielzahl möglicher Markencontrollinginstrumente (zum Überblick Baumgarth 2008a, S. 247 ff.) hat sich in der Praxis im Kulturbereich die standardisierte Besucher- und Nichtbesucherbefragung als das zentrale Tool (Butzer-Strothmann/Günter/Degen 2001; Glogner-Pilz 2011; Kotler/Kotler/Kotler 2008, S. 253 ff.) herausgestellt. Ein sinnvolles Markencontrolling sollte die folgenden Anforderungen erfüllen (allg. Baumgarth/Douven 2010, S. 640; Meffert/Koers 2005, S. 278 f.):

(29) Existenz und Umfang

Markenführung im Kulturbereich kann durch ein Controlling nur dann sinnvoll unterstützt werden, wenn entsprechende markenorientierte Kennzahlen erhoben werden. Im Kern geht es um die Kenngrößen Markenbekanntheit (gestützte und ungestützte Markenbekanntheit, Markenvertrautheit), Markenimage (z. B. Assoziationen, Einzigartigkeit), Einstellung (z. B. Sympathie, Präferenzen, wahrgenommene Qualität) und Loyalität (z. B. Markencommitment, Wiederbesuchsabsicht, Weiterempfehlung).

(30) Umfassend

Ein Markencontrolling sollte sowohl die Markenstärke bei Besuchern und Nichtbesuchern als auch bei Mitarbeitern erheben. Neben quantitativ orientierten Studien sollte ein solches Markencontrolling um qualitative Studien (z. B. Fokusgruppen, systematische und inhaltsanalytisch basierte Auswertung des Gästebuches) ergänzt werden.

(31) Standardisiert und regelmäßig

Da jede Änderung der Informationsbeschaffung (z. B. Änderung des Fragebogens, abweichender Erhebungstermin) die Ergebnisse beeinflusst, sollte das Markencontrolling als Basis einen hohen Grad der Standardisierung und Regelmäßigkeit aufweisen. Erst die regelmäßige und standardisierte Durchführung erlaubt unverzerrte Vergleiche im Zeitablauf und entsprechende Lerneffekte.

(32) „Visitor Insights"

Zudem sollte die Kulturinstitution ein gutes, nach Zielgruppen differenziertes Besucherverständnis („Visitor Insights") aufweisen. Hierfür sind regelmäßig qualitative Studien mit verschiedenen Besuchergruppen (z. B. Gruppendiskussionen, Collagentechnik) durchzuführen.

b) Corporate Design-Richtlinien

Ein zweites zentrales Tool bilden **Corporate Design-Richtlinien** (CD-Guidelines, Markenbuch) (Prokop 2008). Im Kern dokumentieren diese das visuelle (z. B. Logo, Typographie, Farben, Fotostil) und verbale („Wording") Erscheinungsbild der Marke (Branding) und sollen dazu beitragen, dass das Branding über alle Markenkontaktpunkte konsistent erlebbar wird. Im Einzelnen werden folgende Indikatoren zur Bewertung der Corporate Design-Richtlinien verwendet:

(33) Existenz und Umfang

Neben der Existenz und Aktualität ist insbesondere der Umfang der Corporate Design-Richtlinien von Bedeutung. Zum einen ist der Umfang der berücksichtigten Brandingbestandteile (Name, Logo, Farben, Design, Typographie, Slogan etc.) relevant. Zum anderen ist die Existenz von expliziten Regeln für die verschiedenen Markenkontaktpunkte (Internet, Broschüre, Flyer, Personal, Eintrittskarte etc.) von Bedeutung.

(34) Benutzerfreundlichkeit

Ein weiterer Indikator zur Beurteilung von Corporate Design-Richtlinien bildet die Benutzerfreundlichkeit für die Nutzer des Brandings (z. B. Graphiker, externe Dienstleister). Diese hängt insbesondere von der Verständlichkeit der Richtlinien sowie der aktiven Unterstützung der Nutzer durch digitale und leicht nutzbare Templates ab (Wheeler 2006, S. 169).

(35) Implementierung

Ein dritter Indikator stellt auf die interne Implementierung der Corporate Design-Richtlinien ab. Neben einer Vermittlung der Relevanz eines einheitlichen Corporate Designs an die relevanten Mitarbeiter und Partner (z. B. Agenturen) zählen dazu auch entsprechende Trainings- (z. B. Präsentation von Best Practices, Einbau in interne Schulungsmaßnahmen), Support- (z. B. Ansprechpartner mit Adresse, regelmäßige Treffen) und Kontrollmaßnahmen (z. B. Freigabe von Drucksachen, Corporate Design-Audits in regelmäßigen Abständen) (allg. Stankowski 2002).

Praxisbeispiel 6 illustriert am Beispiel des *Jüdischen Museums* die professionelle und umfangreiche Nutzung von Markentools.

Praxisbeispiel 6: Markentools *Jüdisches Museum Berlin*

Kurzportrait

Das *Jüdische Museum* wurde 2001 in Berlin als öffentlich-rechtliche Stiftung gegründet und beschreibt sich auf seiner Website als ein lebendiges Zentrum für deutsch-jüdische Geschichte und Kultur sowie ein Forum für Forschung, Diskussionen und Gedankenaustausch. Das Museum verzeichnet jährlich über 700.000 Besucher, die auf 3000 qm Fläche die deutsch-jüdische Geschichte interaktiv erleben können. Neben der Dauerausstellung präsentiert das Museum Wechselausstellungen sowie vielfältige Bildungsangebote im Rahmen von Workshops, Vorträgen und Lesungen.

Begründung

Das *Jüdische Museum* dient als Best Practice Beispiel für die Dimension Markentools, weil es durch seine Marketingabteilung und die museumseigene Besucherforschung eine professionelle, kontinuierliche und umfassende Untersuchung der Besuchermotivationen, -wünsche und -interessen sowie die Wahrung der festgelegten Corporate Design Richtlinien gewährleisten kann.

Schon vor der Museumseröffnung wurden **Umfragen** durchgeführt, um **Motivationen** für den Besuch eines jüdischen Museums herauszufinden und die **Erwartungen potenzieller Besucher** in der Museumsgestaltung berücksichtigen zu können. Alle zwei Jahre wird ein **umfangreicher Bericht** zu allen Tätigkeitsfeldern des Museums herausgegeben, welcher neben der Vorstellung aller Ausstellungen, Veranstaltungen und Programme auch Berichte aus der Besucherforschung und Marketingabteilung umfasst. Die Besucherforschung stellt hier beispielsweise den auf Basis von Umfragen **gemessenen Erfolg unterschiedlicher Museumsangebote** sowie **Daten zu Besucherzahlen, Besucherstruktur** (Altersverteilung, Herkunft) und **Visitor Insights** (Daten zur Motivation für den Museumsbesuch, Häufigkeit des Besuchs sowie Dauer des Museumsaufenthalts) vor.

Weiterhin wird die Meinung der Besucher über das Museum vorgestellt. Dies geschieht zum einen **quantitativ** auf Basis eines standardisierten Fragebogens und zum anderen **qualitativ** über die Auflistung der Kommentare und Anmerkungen aus dem Fragebogen sowie Auszüge aus dem Gästebuch des Museums. Die Ergebnisse dieser Befragungen werden nach entsprechender Auswertung auch konsequent umgesetzt.

Die Marketingabteilung des Museums kümmert sich auch um die korrekte Ausgestaltung und Einhaltung der **Corporate Design-Richtlinien** des Museums, sodass eine einheitliche Designlinie in der Kommunikation und somit ein einheitliches Auftreten der Institution garantiert ist.

Die Corporate Design-Richtlinien werden nicht nur bei der Gestaltung von Werbemitteln beachtet, sondern fließen beispielsweise auch in die **Kleidung der Museumshosts** ein. Das Erkennungsmerkmal der Hosts, welche für die Besucherbetreuung verantwortlich sind, ist ein Schal, in dem sich das asymmetrische Design des Museumslogos wiederfindet. Des Weiteren wurden eigens für den alljährlich stattfindenden Chanukka-Markt des *Jüdischen Museums* Marktstände konzipiert, die sich an der **Architektur des Museums** orientieren.

Quellen: Jüdisches Museum (2013); o. V. (2005); Pieper (2006).

3.2.2 Markenkontaktpunkte

Im Gegensatz zu den Potentialfaktoren umfassen die Markenkontaktpunkte alle Dimensionen mit einem direkten und wahrnehmbaren Kontakt zwischen der Marke der Kulturinstitution und den Besuchern. Die Besucher erleben an den diversen Markenkontaktpunkten die Marke.

3.2.2.1 Branding

Das Branding umfasst alle durch die Besucher direkt wahrnehmbaren Zeichen der Marke. Im Weiteren erfolgt mit dem Markennamen, dem Logo und der Architektur eine Reduzierung auf drei zentrale Brandingelemente. Allerdings können Kulturinstitutionen auch weitere Brandingelemente wie Typographie, Slogan, Farben oder ein spezielles Design (z. B. Präsentationsmöbel) einsetzen, die aber nicht explizit im MAK berücksichtigt werden.

a) Markenname

Der **Markenname** ist ein wesentlicher Brandingbestandteil. Er vermittelt einen ersten Eindruck der Identität und kann die Positionierung und Zielsetzung der Kulturinstitution aktiv unterstützen. Dadurch wird auch eine klare Abgrenzung zu Wettbewerbern möglich. Außerdem dient der Name als Orientierung für bestimmte Zielgruppen dadurch, dass deren Geschmack getroffen wird und sie sich durch den Namen und das damit einhergehende Image angesprochen fühlen (Jürries 2008). Entscheidend ist es, einen Fit zwischen der angebotenen Kulturleistung und dem Markennamen herzustellen, so dass diese stimmig miteinander verknüpft werden können. Baumgarth (2008a, S. 191) nennt verschiedene Kriterien allg. zur Bewertung von Brandingelementen. In diesem Zusammenhang sind insbesondere folgende Indikatoren zu nennen:

(36) Merkfähigkeit Name

Es sollte eine Leichtigkeit der Erinnerung und Wiedererkennung ermöglicht werden. Dadurch, dass der Name leicht les- und sprechbar ist, bleibt er dauerhaft im Gedächtnis der Besucher und kann leichter wieder abgerufen werden.

(37) Differenzierung Name

Ein Hauptmerkmal eines guten Markennamens ist die Abgrenzung zu anderen Kulturinstitutionen. Dafür ist es wichtig, einen Namen zu wählen, der sich von anderen unterscheidet und keinerlei Ähnlichkeiten mit allgemein bekannten Marken oder genereischen Bezeichnungen aufweist.

(38) Positionierungsunterstützung Name

Es geht um die Einschätzung Dritter, was mit dem Namen assoziiert wird und welche Erwartungen geweckt werden. Der Name sollte im Idealfall Sympathie ausstrahlen, die Markenpositionierung widerspiegeln und in der anvisierten Zielgruppe Glaubwürdigkeit vermitteln.

b) Logo

Das Logo gehört ebenso zu den zentralen Bausteinen des Brandings für Kulturinstitutionen (Wäger 2010). Das Logo verkürzt, im Gegensatz zur geschriebenen Sprache, die Kommunikation einer komplexen Aussage auf ein grafisches Symbol (Capsule 2010) bzw. eine einheitliche Formensprache und gibt so eine komprimierte Selbstauskunft der Kulturinstitution wider. Es hat zwei Hauptfunktionen. Es dient auf der einen Seite als ein Wahrzeichen, indem es ein eindeutiges charakteristisches Merkmal darstellt. Auf der anderen Seite wirkt es als ein Gütesiegel, welches eine komprimierte Auskunft über die Qualität der jeweiligen Institution gibt (Prokop 2008). Dafür ist es notwendig ein eigenständiges und prägnantes Logo zu entwickeln und dieses konsequent und konsistent einzusetzen. Diese Formensprache dient als Klammer aller unterschiedlichen Medien, die intern und extern genutzt werden. Auch in diesem Zusammenhang sind folgende Indikatoren zu nennen:

(39) Merkfähigkeit Logo

Die Designelemente sollten auf die wesentlichen Komponenten reduziert werden, um so ein zugängliches und intuitiv erfassbares Logo zu erhalten, dass der Betrachter in der richtigen Weise decodieren und zuordnen kann. Leichtigkeit der Erinnerung und Wiedererkennung sollten gewährleistet sein (Prokop 2008).

(40) Differenzierbarkeit Logo

Ein gutes prägnantes Logo sollte differenziert gestaltet sein und sich zu anderen Kulturinstitutionen abgrenzen. Dafür ist es wichtig ein Logo zu gestalten, welches sich von anderen unterscheidet und keinerlei Ähnlichkeiten mit allgemein bekannten Markenlogos aufweist.

(41) Positionierungsunterstützung Logo

Das Logo sollte passgenau sein, ein komprimiertes Abbild der Eigenschaften einer Kulturinstitution darstellen und muss seine Persönlichkeit, Haltung, Werte und das Leitbild abbilden (Prokop 2008). Nur so kann es als Assoziationsbündel und Gütesiegel wirken und somit die Positionierung der Institution unterstützen.

(42) Reproduzierbarkeit Logo

Bei der Bewertung des Logos sollten außerdem noch die Verwendbarkeit in verschiedenen Kontexten betrachtet werden. Das Logo sollte auf allen gängigen Werbemedien, auch in verschiedenen Größen, reproduziert werden können. Auch ein mehrfarbiges Logo muss gut einfarbig bzw. schwarz-weiß darstellbar sein.

c) Architektur (Gebäude)

Im Kontext der Corporate Identity werden Firmengebäude mit dem Begriff **Corporate Architecture** bezeichnet, die auf unterschiedliche Art und Weise eine Verbindung zu einem bestimmten Unternehmen herstellen (Meesedat 2004). Die Architektur kann die physische Manifestation einer Kulturinstitution darstellen und damit die Marke prägen und repräsentieren. Das Gebäude als dreidimensionaler Ausdruck der Marke kann nachhaltige kommunikative Effekte erzielen (Raffelt 2012).

Im Gegensatz zu Sachleistungen ist die Kulturleistung als Dienstleistung nicht greifbar und materiell und hat infolgedessen auch keine Verpackung, die den Konsumenten überzeugen kann, gerade diese Leistung zu wählen. Als Ersatz für eine physische Manifestation in Form eines Produktes oder einer Verpackung kann die Architektur einer Kulturinstitution dienen, die genau wie eine Verpackung, Erwartungen und Vorstellungen beim Besucher weckt. Dafür ist es notwendig, dass die **Architektur** in einem Verhältnis zur angebotenen Kulturleistung steht und dessen Kontext reflektiert (Raffelt/Littich/Meyer 2011). Wird die Architektur in das konsistente Gesamtkonzept des Markenauftritts integriert, kann der Besucher die Kulturinstitution mittels einer dreidimensionalen, räumlichen und emotionalen Kommunikation erfahren (Teherani 2004). Auch in diesem Zusammenhang werden die folgenden Indikatoren angesetzt, um die Qualität der Architektur als Brandingbestandteil zu bewerten:

(43) Merkfähigkeit Architektur

Architektur, teilweise mit hohen Investments und dem Engagement bekannter Architekten verknüpft, wird für die Entwicklung einer spezifischen Architektursprache genutzt. Im Kern geht es aber auch hier darum, dass der Betrachter das Gebäude in der richtigen Weise zuordnen kann, Leichtigkeit der Erinnerung und Wiedererkennung sollte gewährleistet sein.

(44) Differenzierung Architektur

Gelungene Architektur sollte im Vergleich zu anderen Kulturinstitutionen und zum regionalen Umfeld differenzierend wirken. Dafür ist es wichtig eine Architektur zu wählen, die Besonderheiten aufweist.

(45) Positionierungsunterstützung Architektur

Die Architektur sollte so gestaltet sein, dass Assoziationen und Bedeutungen die hierüber sichtbar wahrgenommen werden, die Markenidentität stärken (Raffelt 2012). Dafür muss die Architektur zu der Positionierung der Institution passen und diese repräsentieren.

Praxisbeispiel 7 zeigt am *MuseumsQuartier Wien* die gelungene Umsetzung eines Brandings für eine Kulturinstitution.

Praxisbeispiel 7: Branding *MuseumsQuartier Wien*

Kurzportrait

Das *MuseumsQuartier Wien (MQ)*, eines der weltweit größten Kunst- und Kulturareale, wurde in seiner heutigen Form im Jahr 2001 gegründet und beschreibt sich als einen Ort der Vielfalt. Neben der Nutzung als Kunst- und Schaffensraum, der diverse Museen, Ausstellungsräume und Kulturinitiativen vereint, dient das *MQ* als „Lebensraum" und bietet neben Kultureinrichtungen umfangreiche Service- und Freizeitangebote, wie Einkaufsmöglichkeiten, Cafés, Bars und Restaurants. Die öffentlich zugänglichen Höfe, welche die unterschiedlichen Institutionen verbinden, werden über das ganze Jahr für ein umfangreiches Kultur- und Veranstaltungsprogramm genutzt. Im November 2012 zählt das *MuseumsQuartier* seit seiner Eröffnung 4 Millionen Besucher.

Begründung

Das *MuseumsQuartier Wien* ist als Best-Practice-Beispiel für die Dimension Branding zu beschreiben, da es durch professionelle Markenführung geschafft hat, diverse Kultur- und Kunstinstitutionen sowie kunstorientierte Initiativen unter einer Marke zu einer Einheit zu verbinden. Das *MuseumsQuartier* fungiert so als erfolgreiche Dachmarke und hat das Areal zu einer der beliebtesten Anlaufstellen für Kunst, Kultur und Freizeit in Wien entwickelt.

Der **Markenname** *MuseumsQuartier*, kurz *MQ*, ist **prägnant, einfach verständlich** und sehr gut **merkfähig**. Die Bezeichnung als *MuseumsQuartier* kommuniziert ein großes Angebot von künstlerischer und kultureller Vielfalt auf einem Areal. Der markante Name hat zudem einen hohen Wiedererkennungsfaktor.

Das runde, knallrote **Logo** mit weißer Schrift ist **auffällig** und **unterstützt die Positionierung** des Quartiers als einen Ort der Lebenslust (vgl. Abbildung 9). Es ist durch seine Einfachheit und prägnante Farbe weiterhin gut einprägsam und überall gut erkennbar. Da das Logo auf der Website und im Rahmen anderer Kommunikation des Quartiers **konstant** verwendet wird, ist das Logo klar dem *MuseumsQuartier* zuzuordnen und **unterscheidet** sich überdies durch sein unkonventionelles und modernes Design von anderen klassischen Kulturinstitutionen.

Die überraschende und vielfältige **Architektur** des *MuseumsQuartiers* ist durch die **einzigartige Kombination von Alt und Neu** ein Alleinstellungsmerkmal und unterstützt auch klar die Positionierung als Raum für Kunst aller Art. Besonders die mit dem Adolf-Loos-Design-Staatspreis gekrönten und nach der ehemaligen Prokuristin benannten bunten **Enzi** Möbel im Innenhof des *MuseumsQuartiers* prägen seit 2002 das Bild der Kulturinstitution und werden zudem gezielt in der Öffentlichkeitsarbeit eingesetzt (vgl. Abbildung 9).

Abbildung 9: Ausgewählte Brandingelemente *MuseumsQuartier Wien (MQ)*

Zudem nutzt das *MuseumsQuartier* sein Branding vorbildlich und verkauft beispielsweise gebrandete **Merchandise-Artikel** (z. B. Schlüsselanhänger) im *MuseumsQuartier* eigenen Shop. So wird die Markenbekanntheit vergrößert, das Image gestärkt sowie ein Markentransfer ermöglicht.

Quelle: MQ (2013)

3.2.2.2 Kern- und Zusatzleistungen

Zusätzlich zum Kernprogramm hat die Kulturinstitution die Möglichkeit, ein breitgefächertes Zusatzprogramm anzubieten. Mit diesem Zusatzangebot können auch Zielgruppen angesprochen werden, die aus verschiedenen Gründen nicht am klassischen Kulturprogramm interessiert sind. Mandel (2011) nennt drei Erwartungen, die ein Besucher an den Kulturbesuch stellt, er möchte **gut unterhalten** werden, etwas **live erleben** und eine **gute Atmosphäre** spüren. Diese Erwartungen sind leichter durch ein interaktives Zusatzprogramm zu erfüllen, da dieses flexibler und kreativer gestaltet werden kann. Dadurch, dass der Besucher aktiv mitwirkt, werden Inhalte nachhaltiger in das Gedächtnis eingeprägt als rein kognitiv vermittelte Inhalte (Littich/Zimmermann 2010). Als weitere Effekte für die Kulturinstitution können eine Erhöhung des Bekanntheitsgrades, eine generelle Imageverbesserung, eine Steigerung der Attraktivität sowie ökonomische Effekte genannt werden. Auch hier ist es wichtig, dass das Zusatzprogramm eine Affinität zum Kernprogramm und einen deutlichen Bezug zur Marke aufweist und dieses in schlüssiger Weise ergänzt. Daher wird auf die folgenden zwei Indikatoren abgestellt:

(46) Interaktion mit der Institution

Die Kulturinstitution sollte möglichst viele Leistungen (Kern- und Zusatzleistungen) anbieten, die eine Interaktion des Besuchers mit der Institution zulassen, diesen persönlich einbeziehen und aktive Gestaltungsmöglichkeiten für den Besucher schaffen.

(47) Aktive Erlebnisgestaltung

Markenerlebnisse beziehen sich auf Konsumerlebnisse bzw. das Erlebnis als Konsumgut. Sie gehen auf klassische psychologische Modelle der Marketingwirkungen zurück und wurden um Aspekte wie Multisensualität, Emotionen, hedonistische und ästhetische Motive ergänzt (Hirschmann/Holbrook 1982; Kotler/Kotler/Kotler 2008; Pine/Gilmore 1989). Kotler spezifiziert, in Anlehnung an Pine und Gilmore, sechs Motive für einen Museumsbesuch. Die folgenden Motive können auch als Erlebnisdimensionen beschrieben werden und umfassen Erholung, Ästhetisches Erlebnis, Lernerlebnis, Soziales Erlebnis, Sachorientiertes Erlebnis und Festliches Erlebnis (Kotler/Kotler/Kotler 2008, S. 302 ff.; Pine/Gilmore 1989). Als Adaption für das Kulturerlebnis wurden diese für das MAK leicht modifiziert. Die Kulturinstitution sollte möglichst ein **mehrdimensionales** und **intensives Erlebnis** bieten (Overdick 2008), wobei eine Orientierung an folgenden Erlebnisdimensionen erfolgen kann:

- Ästhetisches Erlebnis
- Erholung und Entspannung,
- Lernerlebnis
- Sensibilisierung für Themen
- Soziales Erlebnis
- Spaß und Unterhaltung

Praxisbeispiel 8 zeigt die interaktive Gestaltung und Erlebnisvermittlung am Beispiel des *Deutschen Hygiene Museums Dresden.*

Praxisbeispiel 8: Kern- und Zusatzleistungen *Deutsches Hygiene Museum Dresden*

Kurzportrait

Das 1912 gegründete *Deutsche Hygiene Museum Dresden (DHMD)* vermittelt Kenntnisse zur Anatomie des Menschen, der Gesundheitsvorsorge und Ernährung. Es soll eine Plattform für alle sein, die an kulturellen, sozialen und wissenschaftlichen Gesellschaftsveränderungen interessiert sind und bietet zusätzlich zu seiner Ausstellungstätigkeit Bildungsangebote und Veranstaltungen für unterschiedliche Zielgruppen.

Das Haus offeriert eine 45.000 Objekte starke Sammlung und präsentiert neben Forschungsprojekten und Hochschulkooperationen eine Schriftenreihe zu unterschiedlichsten kulturellen Thematiken.

Begründung

Kern- und Zusatzangebot des *DHMD* versprechen eine breite **interaktive Integration des Besuchers** in die Kernthematik des Museums, aber auch in viele andere Bereiche des Lebens. Über das **umfangreiche Angebot** von Führungen sowie Veranstaltungen zu Themen des Hauses, Vorträgen, Tagungen, Konzerten und Lesungen hinaus bietet das *DHMD* auch Angebote für Schulen und Kitas. Das Ziel ist es, Inhalte zu bieten, die ein breit gefächertes gesellschaftliches, technologisches und kulturelles Interesse ansprechen. So hat beispielsweise im März 2013 ein philosophisches Publikumsgespräch unter dem Motto „Was sind Gefühle" stattgefunden. Im Rahmen dieser Veranstaltung wurden nicht nur philosophische, sondern auch rein biologische Aspekte beleuchtet, analysiert und mit den Besuchern gemeinsam diskutiert.

Neben anschaulichen, zum **Mitmachen** und **Mitdenken** einladenden Ausstellungsstücken für **erwachsene Besucher**, wird im *DHMD* ein besonderer **Schwerpunkt auf Kinder und Jugendliche** gelegt. Es besteht z. B. die Möglichkeit, den Kindergeburtstag mit einem Museumserlebnis voller Experimente und (wissenschaftlicher) Spiele zu beginnen und im Café-Restaurant ausklingen zu lassen. Überdies ist das *DHMD* eine zertifizierte Einrichtung der Initiative „**Familienurlaub in Sachsen**".

Ein weiterer Schwerpunkt ist das „**Gläserne Labor**", das in Kooperation mit der *BASF Schwarzheide GmbH* Schülerinnen und Schülern die Möglichkeit für zell- und molekularbiologische Versuche der modernen Biowissenschaften bietet. Das *DHMD* versteht sich als außerschulischer Lernort auch für Lehrer und Erzieher und bietet hier ein umfangreiches Fortbildungsprogramm für museumsspezifische und labortechnische Inhalte. Lehrbeauftragte aller Schularten und Klassenstufen können sich zudem einmal jährlich zu Beginn des neuen

> Schuljahres an einem **Lehrerinformationstag** über die Möglichkeiten, die das *DHMD* bietet, informieren. Eine eigens eingerichtete Servicehotline ergänzt dieses Angebot.
>
> Die **Sonderausstellungen** des *DHMD* beschäftigen sich mit aktuellen und historischen Themen aus Wissenschaft und Gesellschaft, Kunst und Kultur. Im Mittelpunkt der Dauerausstellung „Abenteuer Mensch" steht das Themenfeld Körper und Gesundheit. Weitere Dauerausstellungen des Museums beschäftigen sich u. a. mit Themen wie Schönheit, Sexualität oder mit Leben und Sterben. Die Ausstellungen sind als eine Erlebnisreise zum eigenen Körper, zu seinen Gedanken und Gefühlen, gestaltet. Das Museum legt viel Wert darauf, dass seine Ausstellungen als ganzheitliche Konzepte zum Nachdenken animieren und somit das Gesehene mit dem Erlebten dauerhaft zu mehr Wissen verknüpft wird.
>
> Quelle: Deutsches Hygiene Museum Dresden (2013)

3.2.2.3 Kommunikation

Die Kommunikation stellt die zentrale und umfangreichste Dimension im Rahmen der Markenkontaktpunkte dar. Im Folgenden werden mit der externen, überwiegend medialen Kommunikation, der Mitarbeiterkommunikation und der Standortkommunikation drei Kategorien voneinander abgegrenzt, wobei in der Realität durchaus Überschneidungen auftreten.

a) Externe Kommunikation

Klein (2001, S. 421) sieht als Aufgabe der externen Kommunikation die Gestaltung der auf den Markt gerichteten Informationen: Was soll wann wem wie und mit welchem Ziel gesagt werden? Es geht um das Finden und Entwickeln einer zielgruppenadäquaten Kommunikation, um so möglichst effektiv Informationen zu übermitteln, sowie Meinungen, Einstellungen, Erwartungen und Verhaltensweisen der Zielgruppe zu beeinflussen. Ziel hierbei ist es, alle Kommunikationsinstrumente wie etwa Druckerzeugnisse, Pressearbeit oder verkaufsfördernde Maßnahmen einheitlich aufeinander abzustimmen, so dass der Abnehmer die Marke konsistent wahrnimmt. Die Fachliteratur spricht von integrierter Kommunikation (Baumgarth 2008b; Bruhn 2008, 2011; Esch 2005, 2011). Die folgenden Indikatoren nimmt das MAK dabei in den Blick:

(48) Formale Integration

Die formale Integration der externen Kommunikation meint die Abstimmung aller formalen Kommunikationselemente wie Bilder, Typographie, Farben etc. aufeinander, damit eine Wiedererkennbarkeit und schnelle Zuordnung gewährleistet sind.

(49) Inhaltliche Integration

Die inhaltliche Integration meint eine Gestaltung der externen Kommunikationsmittel, die gewährleistet, dass immer die gleichen, zur Markenpositionierung passenden Inhalte übermittelt werden. Zwar weisen die unterschiedlichen Kommunikationsinstrumente verschiedene Möglichkeiten zur Darstellung der Inhalte auf, weshalb die Inhalte in Form, Umfang und Schwerpunkt zwischen den Instrumenten unterschiedlich ausfallen. Insgesamt aber müssen alle Instrumente die Positionierung der jeweiligen Kulturinstitution kommunizieren.

(50) Zeitliche Integration (Konstanz)

Die zeitliche Integration der Kommunikationsmittel sollte eine langfristige und einheitliche Gestaltung aller Kommunikationsmittel über mindestens drei Jahre sowohl formal als auch inhaltlich beinhalten.

(51) Umfang klassische Kommunikation

Insgesamt sollte ein möglichst breites Spektrum an folgenden Kommunikationsinstrumenten zum Einsatz gelangen oder zumindest plausible Begründungen für den Nichteinsatz vorliegen:

- Aufkleber
- Direkt Marketing (Rundbriefe/Newsletter per Post, Einladungen, Telefon, Call-Center)
- Eintrittskarten (mit dem Branding der Kulturinstitution)
- Fernsehspots
- Flyer/Prospekte
- Geschäftsausstattung (Briefpapier, Visitenkarten etc.)
- Giveaways/Merchandise Produkte (Kugelschreiber, Schlüsselanhänger etc.)
- (Gratis-)Postkarten
- Plakate/Out of Home-Kommunikation
- Pressemitteilungen/Presseverteiler (Pressemappen)
- Printanzeigen
- Publikationen (Programmhefte, Bücher, Ausstellungskataloge)

- Radiospots
- Reiseführer (PR)
- Stadtmagazine (z. B. *Prinz, Zitty*) (PR)

(52) Umfang nichtklassische Kommunikation

Nichtklassische Kommunikation zeichnet sich situativ durch einen **hohen Neuheitsgrad** aus (Baumgarth 2008a, S. 214 ff., Bruhn 1995). Es gibt in diesem Zusammenhang auch mit der Unterscheidung von Above-the-Line Kommunikation und Below-the-Line Kommunikation eine ähnliche Abgrenzung. Above-the-Line meint vergütungsfähige, massenmediale Kommunikationsmaßnahmen, die inhaltlich meist klassisch sind und über die Medien an eine breite, wenig spezifizierte Zielgruppe gestreut werden. Below-the-Line Kommunikationsmaßnahmen können hiervon unterschieden werden. Kreative, unkonventionelle Marketingideen über nichtklassische Kommunikation können Aufmerksamkeit erzeugen, Grenzen überschreiten und Denkmuster sprengen (Gashi 2013). Beispielsweise können folgende nichtklassische Kommunikationsinstrumente für Kulturinstitutionen eingesetzt werden

- Ambient Media
- Bannerwerbung
- Couponing
- Eigener Fuhrpark
- Events
- Gewinnspiele
- Guerilla- Marketing
- Lange Nacht (Museen, Opern, Theater, Wissenschaft etc.)
- Messen
- Product Placement
- Promotionaktionen
- Public-Viewing (Kino, Plätze, Live-Übertragungen)
- Stadt- und Straßenfeste
- Überraschende Außenwerbung (z. B. Häuser, Floor-Graphik)
- Verkehrsmittel (z. B. U-und S-Bahn, Busse etc.)
- Virales Marketing

(53) Online-Kommunikation

Neben dem Betrieb und der regelmäßigen Pflege einer eigenen Homepage können Kulturinstitutionen folgende Instrumente der Online-Kommunikation nutzen:

- Apps
- E-Mail (z. B. Newsletter)
- Homepage/Website
- Online Banner/gesponserte Links/digitale Anzeigen
- Podcasts
- Suchmaschinen Optimierung

(54) Social Media Kommunikation

Die Anwendung von Social Media Kommunikation beinhaltet für Kulturinstitutionen die regelmäßige Pflege sowie die Kreierung und Kommunikation von sinnvollen, interessanten und passenden Inhalten. Der große Vorteil und die Chance dieses Kommunikationsansatzes sind die geringen Eintrittsbarrieren und geringen Kosten für Kulturinstitutionen sowie eine hohe Reichweite und segmentierte Zielgruppenansprache über entsprechende Netzwerke. Allerdings sollte eine verantwortliche Stelle professionell Social Media Kommunikation betreiben und der technischen Perspektive die Inhalte voranstellen (Janner/Holst/Kopp 2001; Scheurer/Spiller 2010; Vogelsang/Minder/Moor 2011). Mögliche Formen sind:

- Bewertungsportale (z. B. *qype*)
- Blogs (eigene Blogs, Unterstützung von Bloggern)
- Kurznachrichtendienste (z. B. *Twitter*)
- Soziale Netzwerke (z. B. *Facebook, Xing, Google +*)
- Video- und Fotoplattformen (z. B. *YouTube, Flickr, Vimeo, Instagram*)
- Virtuelle Sammlungen (z. B. *DDR Museum*: „Wendejahre" in Zusammenarbeit mit dem *Google Cultural Institute*)

b) Mitarbeiterkommunikation

Der Kontakt des Besuchers zum Mitarbeiter einer Kulturinstitution ist ein zentraler Markenkontaktpunkt. Der Mitarbeiter ist, unabhängig ob er arbeitsvertraglich zur Kulturinstitution gehört oder outgesourcet von einem Dienstleister zur Verfügung gestellt wird, somit zentraler Markenbotschafter (Deitmer 2012). Auch wenn der Mitarbeiter nicht explizit geschult ist, kommuniziert er oder sie mit dem Besucher. Es ist demnach gar nicht möglich, nicht zu kommunizieren (Watzlawick/

Beavin/Jackson 2003, S. 50 f.). Diese zwischenmenschliche Kommunikation beinhaltet verbale und nonverbale Kommunikation. Die **verbale Kommunikation** umfasst alle mit der Sprache zusammenhängenden Aspekte wie Inhalt, Sprachstil, Sprachgeschwindigkeit etc. Die **nonverbale Kommunikation** umfasst die Körpersprache wie z. B. Mimik, Gestik, Körperhaltung und das Erscheinungsbild des Mitarbeiters. Weiterhin kann zwischen Inhalts- und Beziehungskommunikation unterschieden werden. Die Inhaltskommunikation umfasst die Kommunikation des Mitarbeiters mit markenspezifischen Informationen. Die Beziehungskommunikation hingegen umfasst die grundsätzliche Atmosphäre der Kommunikation wie Offenheit, Höflichkeit und Freundlichkeit (Baumgarth/Schmidt 2008). Tabelle 5 stellt diese Unterscheidung exemplarisch für den Kultursektor dar.

Tabelle 5: Formen der Mitarbeiterkommunikation im Kulturbereich

Markenkontakt Mitarbeiter	verbal	nonverbal
Inhalt	Mitarbeiter an der Kasse berät und informiert professionell zum Eintrittskartenkauf	Gepflegtes Äußeres und dezente, gut geschnittene Uniform
Beziehung	Mitarbeiter im Museumsrestaurant bedient Kunden freundlich	Freundliches Lächeln und kompetente Ausstrahlung

Um die Kommunikation der Mitarbeiter zu erfassen, werden die zwei folgenden Indikatoren herangezogen:

(55) Sprache und Verhalten

Alle Mitarbeiter sollten sich freundlich, kompetent und markenorientiert verhalten. Es kann festgelegte einheitliche Formen der Besucheransprache geben, festgelegte Rituale, Verhaltenskodizes oder Vorgaben zu Begrüßung und Abschied. Ganz besonders wichtig ist aber das Bewusstsein der Mitarbeiter, dass sie in ihrer Kommunikation jederzeit die Kulturinstitution vertreten.

(56) Einheitliches und erkennbares Erscheinungsbild

Die Mitarbeiter mit Besucherkontakt sollten ein einheitliches und für die Besucher erkennbares Erscheinungsbild aufweisen. Dieses kann u. a. durch eine einheitliche Uniform, einen abgestimmten Kleidungsstil oder eine gleiche Kleidungsfarbe gewährleistet werden. Auch Namensschilder, Buttons oder Accessoires (z. B. Schal oder Tuch) ermöglichen die Erkennbarkeit für den Besucher.

c) Standortkommunikation

Die Kommunikation am Standort sollte insgesamt einheitlich und markenspezifisch gestaltet sein. Anhand der folgenden Indikatoren kann die Standortkommunikation evaluiert werden:

(57) Innenarchitektur

Die verschiedenen Elemente der Innenarchitektur der jeweiligen Kulturinstitution wie z. B. die Präsentationsmöbel oder Bühne, Beleuchtung, Geräusche bzw. Sounddesign und Sitzmöglichkeiten sollten stimmig und markenspezifisch umgesetzt werden. Beurteilt werden können hierbei die Elemente (1) Beleuchtung, (2) Präsentationsmöbel, (3) Mobile Elemente, (4) Sitzmöglichkeiten, (5) Geräuschpegel/Musik sowie (6) Materialien.

(58) Besucherführung innerhalb der Institution

Dieser Indikator bewertet, ob alle Bestandteile der Besucherführung in der Institution wie Wegweiser, Beschilderungen, Saalpläne u. ä. in einer einheitlichen, sichtbaren und verständlichen Form präsentiert werden.

(59) Besucherführung außerhalb des Hauses

Ebenfalls sollten diese Prinzipien auch für die Besucherführung außerhalb des Hauses wie Wegweiser, Hinweise, Beschilderungen auf der Straße und anderen Gebäuden gelten.

Praxisbeispiel 9 skizziert am Beispiel der *Schirn Kunsthalle Frankfurt* den umfangreichen und professionellen Einsatz der Kommunikation für eine Kulturinstitution.

Praxisbeispiel 9: Kommunikation *Schirn Kunsthalle Frankfurt*

Kurzportrait

Die 1986 gegründete *Schirn Kunsthalle Frankfurt* ist eines der renommiertesten und international beachtesten Ausstellungshäuser Deutschlands und zeigt neben zeitgenössischer Kunst auch Kunst des 19. Jahrhunderts und der klassischen Moderne. In den letzten zehn Jahren erfolgte eine konsequente Positionierung des Hauses, um sich so deutlich von Wettbewerbern abzugrenzen. Die *Schirn Kunsthalle* hat es sich zur Aufgabe gemacht, aktuelle und brisante Themen Online wie Offline aufzugreifen und aktuelle bedeutende Künstler aus einer zeitgenössischen Perspektive zu präsentieren. Dabei möchte das Museum eine Vorreiterrolle einnehmen. Sie sieht sich als Ort der Entdeckungen, die dem Besucher ein originäres, sinnliches Ausstellungserlebnis sowie eine aktive Teilnahme an der kulturellen Diskussion bieten möchte und zählt auch Internetbesucher zu wichtigen Besuchern.

Begründung

Die externen Kommunikationsmaßnahmen zeugen von einer professionellen **strategischen Vorgehensweise**. Im Rahmen der Positionierung werden **alle Instrumente** der **klassischen, nichtklassischen, Online-** und **Social Media Kommunikation** regelmäßig und umfassend eingesetzt und aufeinander abgestimmt. Die *Schirn Kunsthalle* ist in ihrer Kommunikation fortschrittlich, da sie die Grenzen zwischen Offline- und Online-Kommunikation aufhebt. Gezielt und wohl dosiert kommuniziert das Museum die gleichen Inhalte über verschiedene Kanäle.

Die externe Kommunikation umfasst **zahlreiche Pressemeldungen**, welche von den Medien zeitnah zu den Ausstellungen aufgenommen und veröffentlicht werden. Informationen für **Pressevertreter** wie auch **Besucher** stehen auf der Homepage strukturiert und schnell auffindbar zur Verfügung. Ebenso erhalten **Blogger** im Pressebereich Zugang zu Informationen, Foto- und Filmmaterial.

Zudem zeugt die **Online-Kommunikation** von hoher Professionalität. Sie umfasst neben dem Newsletter, die konzeptionell nutzerfreundliche und designstarke Website, die Präsenz bei *Facebook*, bei *Google+*, im Internetvideoportal *Youtube* und bei *Twitter*. Ein **Controlling der Online-Marketing-Aktivitäten** ist gegeben: Die Facebook- und Twitteraktivitäten werden mit der Auswertungsplattform *Klout* analysiert und die Online-Reputation gemessen.

Überdies wird ein hochwertiges, gut konzipiertes **Online-Magazin**, das *SchirnMAG*, herausgegeben, an welchem nicht nur die Pressemitarbeiter, sondern auch die Museumsleitung, Kuratoren und Mitarbeiter der *Schirn* redaktionell beteiligt sind (vgl. Abbildung 10).

Abbildung 10: Online-Magazin *SchirnMAG*

Markenfaktoren, -dimensionen und -indikatoren 87

> Das *SchirnMAG* dient der Kunsthalle als Plattform, die sowohl im Rahmen der aktuellen Ausstellungen durch Interviews, Hintergrundberichte und Filme noch tiefergehende Informationen vermittelt, als auch Aktuelles aus der übrigen Kunstwelt bietet. Von der Vorreiterrolle im Online-Bereich zeugt auch die Initiierung des Bloggertreffens #SCHIRNUP, eine Tagung zum gleichnamigen Thema im Sommer 2012.
>
> Die exzellente PR- und Kommunikationsarbeit ist auch das Ergebnis einer **ausreichenden** und **qualifizierten Personalausstattung** für alle Kommunikationsbereiche (4 Mitarbeiter Presse/PR, 2 Mitarbeiter für die Onlineredaktion, Fotos, Grafikdesign; 3 Mitarbeiter Marketing/Kommunikation).
>
> Quellen: Schirn (2013a, 2013b)

3.2.2.4 Freundeskreis und sonstige Beteiligungsmöglichkeiten

Freundeskreise (synonym Förderverein) haben eine lange Tradition als Förderer von einzelnen Kulturinstitutionen. Eine zentrale Definition für Freundeskreise liefert Slater, indem sie auf die gemeinsamen Ziele der Mitglieder eingeht: „Friends' schemes, however, can be a source of loyal supporters who often volunteer, make donations and act as advocates for museums and galleries [...] they share a common purpose of supporting the host organisation" (Slater 2004, S. 238 f.).

In der Regel sind Freundes- und Förderkreise als eingetragener Verein organisiert. Sie bieten innerhalb einer Mitgliedschaft (oft in unterschiedlichen Stufen) Partizipationsmöglichkeiten über Veranstaltungen und besondere Angebote wie z. B. Mitgliederreisen. Speziell in Zeiten abnehmender staatlicher Förderung pro Kulturinstitution dienen diese Freundeskreise insbesondere der Generierung von zusätzlichen Einnahmen, zur Finanzierung von Sonderausstellungen, zum Erwerb neuer Kunstwerke oder der Unterstützung von Gastspielen bzw. Tourneen sowie als Sammelbecken für ehrenamtliche Tätigkeiten. Mehr als die Hälfte der heute aktiven Freundeskreise in Deutschland sind nach 1990 gegründet worden (Welling/Roll/Reden/Otten/Christ/Frucht 2007). Die Mehrzahl der Freundeskreise haben Mitgliederzahlen zwischen 100-300, einige sehr Große heben sich davon ab. Neben dem klassischen Mäzenatentum und Kultursponsoring durch Unternehmen sind Freundeskreise als Förderer von Kunst eine wichtige Säule privatwirtschaftlicher Kulturfinanzierung. Der Beitrag der Freundeskreise zum Gesamtetat der unterstützten Kulturinstitution liegt nach einer Studie des Kulturkreises der Deutschen Wirtschaft aus dem Jahr 2007 bei durchschnittlich 14 % (Welling/Roll/von Reden/Otten/Christ/Frucht 2007, S. 8). Darüber hinaus können Freundeskreise und ihre Mitglieder eine Legitimationsfunktion für die Kulturanbieter in der Gesellschaft übernehmen. Freundeskreise haben Potential für die

Bindung von Besuchern, die Gewinnung von neuen Besuchern und als Türöffner für neue Zielgruppen. Freundeskreise können damit weit mehr als ein reines Finanzierungsinstrument darstellen (Baumgarth/Kaluza 2012). Folgende Indikatoren werden innerhalb des MAKs evaluiert:

(60) Freundeskreis

Es wird erfasst, ob die Institution einen aktiven Freundeskreis hat. Folgende Studie liefert einen Anhaltspunkt zur Beurteilung der Größe des Freundeskreises: Nach einer Studie in Deutschland verfügen drei Viertel der Befragten Freundeskreise über mehr als 100 Mitglieder, gut ein Viertel über weniger als 100 Mitglieder (12% der befragten Förderung Freundeskreise haben weniger als 50 Mitglieder, 17 % 50 bis 100 Mitglieder, 71% mehr als 100 Mitglieder, 37 % haben bis zu 300 Mitglieder, 11 % mehr als 300 Mitglieder und 23 % mehr als 500 Mitglieder) (Welling/Roll/Reden/Otten/Christ/Frucht 2007, S. 3).

(61) Darstellung Freundeskreis

Die Kulturinstitution stellt die Ausrichtung und Inhalte des Freundeskreises deutlich nach außen dar. Hierfür ist es notwendig, dass der Freundeskreis für die Besucher und alle Interessierten deutlich sichtbar ist (z. B. Homepage, Informations-Stand im Haus etc.). Für die Darstellung des Freundeskreises sind wie für die räumliche und inhaltliche Vernetzung Plattformen notwendig, welche die Möglichkeit des Zugangs und der Begegnung bieten. Diese können neben den Kulturinstitutionen als Gebäude und Ort, klassische Formate wie Versammlungen, Feste und Reisen, aber auch digitale Plattformen wie Online Communities oder Social Media Anwendungen sein (Hellmann 2005; Slater 2004, S. 248).

(62) Beteiligung über Social Media

Eine weitere relativ neue Form der Beteiligungsmöglichkeit bieten Social Media Anwendungen. Bei sinnvoller Anwendung können diese Kommunikationsansätze zu einer stärkeren Partizipation verschiedener Zielgruppen, gesellschaftlicher Legitimation und besserer Auslastung führen und letztendlich den Markenerfolg unterstützen. Beurteilt werden hierbei die Möglichkeit und die Intensität der Beteiligung.

Praxisbeispiel 10 zeigt am Beispiel der *Kunsthalle Hamburg* das Potential von Freundeskreisen und interaktiven Beteiligungsmöglichkeiten auf.

Praxisbeispiel 10: Freundeskreis und Beteiligungsmöglichkeiten *Kunsthalle Hamburg*

Kurzportrait

Die *Kunsthalle Hamburg* beherbergt in seinen drei unverkennbaren Gebäuden nahe der Alster eine der wichtigsten öffentlichen Kunstsammlungen Deutschlands. Sie schlägt einen Bogen vom Mittelalter bis zur modernen, zeitgenössischen Kunst und ermöglicht dabei einen umfassenden Einblick in sieben Jahrhunderte Kunstgeschichte. In einer Dauerausstellung können Besucher mehr als 700 Kunstwerke bestaunen. Eindrucksvolle Sonderausstellungen locken jährlich tausende nationale und internationale Besucher in die Hansestadt. Die Hamburger Kunsthalle arbeitet nach der eigenen Prämisse, ein forschendes Museum mit bewusster Besucherorientierung zu sein, das auf internationalem Niveau agiert.

Begründung

Der **Freundes- und Förderkreis** der *Kunsthalle Hamburg* ist ausgesprochen **vielfältig** und **beständig**. Derzeit unterstützen **18 Förderer die Kunstinstitution**, welche auf der Website der Kunsthalle für Besucher deutlich zu sehen sind. Ihnen ist eine eigene Kategorie unter der Rubrik „Museum" gewidmet, in der jeder Verein, jede Stiftung und jeder Partner vorgestellt wird. Dabei wird jeweils klar strukturiert dargelegt, inwiefern die *Kunsthalle Hamburg* mit welchen Mitteln durch den einzelnen Förderer unterstützt wird. Neben der finanziellen Unterstützung steht für den Freundeskreis auch die direkte Vermittlung von Kultur im Vordergrund. Zu diesem Zweck werden **zahlreiche Veranstaltungen** angeboten, wie etwa gemeinsame Kunstreisen, Exkursionen oder auch Kooperationsaktivitäten mit anderen Hamburger Kulturinstitutionen. Zum **Mutterverein** gibt es zusätzlich den **Verein der Jungen Freunde der Kunsthalle**. Hier werden junge Menschen im Alter von 20-35 angesprochen, im Kunst- und Kulturgeschehen rund um Hamburg mitzumischen.

Die *Kunsthalle Hamburg* bietet außerdem weitere Beteiligungsmöglichkeiten, wie ein **hausinternes Bildungsprogramm** mit zahlreichen **Kursen** und **Workshops** für unterschiedliche Zielgruppen an. Nach dem Motto „Kultur aktiv vermitteln und erlebbar machen", beispielsweise in Form von **Bildersprechstunden** mit erwachsenen Besuchern oder **Ferienaktivitäten** für Kinder und Jugendliche, ermöglicht ein Team aus Kunsthistorikern, Künstlern und Kunstpädagogen vielseitige und abwechslungsreiche Veranstaltungen rund um die Themen Bildung und Vermittlung. So haben Familien die Möglichkeit jeden Sonntag auf **Erkundungstour im Museum** zu gehen, Kind- und elterngerecht werden Kunstwerke entdeckt und spannende Fragen rund um das Thema Kunst beantwortet. Der monatlich erscheinende Newsletter der *Hamburger Kunsthalle*, ihre Bibliothek und die Kunstmeile Hamburg informieren interessierte Besucher gezielt über Veranstaltungen und Ausstellungen.

Auch im **Social-Media-Bereich** bietet die *Kunsthalle Hamburg* ihren Besuchern regelmäßig Informationen über diverse Veranstaltungen, Ausstellungen und Events. Rund 8.000 Freunde auf Facebook folgen regelmäßig Beiträgen der Kulturstätte, wodurch Informationen zwischen den Förderern, Besuchern und den Freunden noch tiefgreifender ausgetauscht werden können. Zudem können monatlich erscheinende **Newsletter** der Hamburger Kunsthalle abonniert werden.

Quellen: Kunsthalle Hamburg (2013), Freunde der Kunsthalle (2013); Junge Freunde der Kunsthalle (2013)

3.2.2.5 Shop und Gastronomie

a) Shop und Merchandising

Hampil (2010) definiert den Shop als eine Räumlichkeit oder einen Bereich im oder in der Nähe der Kulturinstitution, der dem kommerziellen Angebot von institutionsbezogenen Waren und Dienstleistungen gewidmet ist. Als Motive einen solchen Shop zu betreiben, nennt sie zum einen die Erschließung einer zusätzlichen Finanzierungsquelle und zum anderen die Imagebildung und damit einhergehend die Unterstützung der Markenpositionierung. Durch den Verkauf von Merchandisingartikeln, die wiederum an Dritte verschenkt werden oder öffentlich getragen bzw. zur Schau gestellt werden, kommt es zu einem **Multiplikationseffekt** (Hampil 2010). In diesem Zusammenhang ist es entscheidend, dass die verkauften Artikel gebrandet und markenspezifisch sind, so dass eine klare Zuordnung geschehen kann und die Artikel als Werbeträger und Aushängeschilder genutzt werden. Dieser Multiplikationseffekt ist gerade für Kulturinstitutionen von großer Bedeutung, da sie hier die Möglichkeit haben, im Gegensatz zu ihren inhaltlichen Angeboten, ein physisches und fassbares Produkt zu verkaufen, welches der Besucher mit nach Hause nehmen kann. So ist das Erlebnis des Kulturbesuchs auch später noch leichter aus dem Gedächtnis abzurufen und es fällt dem Besucher leichter, eine möglichst enge Bindung zu der Kulturinstitution aufrechtzuerhalten (Klein 2011). Auch ist es wichtig, dass der Shop ein breit gefächertes Sortiment anbietet, das sich vom Angebot anderer Shops unterscheidet. Weiterhin sollte das Shopsortiment einen direkten Bezug zu den angebotenen Inhalten bieten, so dass der Besucher die Möglichkeit erhält, sein Wissen und Erlebnis zu vertiefen und aufzuarbeiten.

Folgende Indikatoren werden hierbei berücksichtigt:

(63) Markenorientierte Sortimentsgestaltung

Die Kulturinstitution sollte im Shop ein markenorientiertes Sortiment anbieten, welches einen direkten Bezug zur Kulturinstitution aufweist. So kann der Multiplikationseffekt wirksam werden, wodurch Shopartikel neben der Funktion als Finanzierungsquelle, auch zur Imagebildung, Positionsunterstützung und Weiterempfehlung beitragen.

(64) Attraktivität

Die Attraktivität sollte durch ein ansprechend gestaltetes und markenorientiertes Kauferlebnis gesichert sein. So können auch Nicht-Besucher als Kunden des Shops gewonnen werden.

(65) Multiplikation/Souvenirs/Merchandising

Die Kulturinstitution sollte insgesamt ein breites Sortiment an institutionsspezifischen Souvenirs anbieten, neben interessanten möglicherweise wertvollen Artikeln sollten auch Geschenk- und Mitnahmeartikel zu einem geringen Preis angeboten werden. Der Multiplikationseffekt verstärkt sich durch kostenlose Merchandisingartikel als Mitnahmeartikel (z. B. Postkarte, Sticker, Tüten, Verpackungsmaterial), die auch an Dritte weitergegeben und kommuniziert werden.

(66) Onlineshop

Ein gut gestalteter und markenspezifischer Onlineshop ermöglicht diese Multiplikationseffekte auch ohne räumliche Anwesenheit des Besuchers. Ein Onlineshop ermöglicht dem Besucher auch im Vorfeld und insbesondere im Nachgang zu einem Besuch, entsprechende Artikel zu erstehen und sich mit der Kulturinstitution auseinanderzusetzen.

b) Gastronomie

Ähnliche Indikatoren gelten auch für die dem Kulturbetrieb angeschlossene Gastronomie. Bei einer markenspezifischen Umsetzung und gleichbleibend hoher Qualität kann eine Gastronomie die Positionierung unterstützen. Es kann so weit gehen, dass externe Besucher das Restaurant regelmäßig besuchen und dadurch später auch Museums- bzw. Theaterbesucher werden.

(67) Markenorientierte Gastronomie

Das gastronomische Angebot sollte einen deutlichen und passenden Bezug zur Kulturinstitution und deren Positionierung aufweisen.

(68) Attraktivität

Ein attraktives gastronomisches Angebot, welches entweder durch höchste Qualität überzeugt oder besonders innovativ und andersartig ist, zieht auch Gäste außerhalb der Besucher i.e.S. an.

Praxisbeispiel 11 stellt am Beispiel *DDR Museum* die markenorientierte Gestaltung von Shop und Gastronomie vor.

Praxisbeispiel 11: Shop und Gastronomie *DDR Museum Berlin*

Kurzportrait

Das *DDR Museum* in Berlin eröffnete 2006 erstmals seine Ausstellung zum Alltagsleben in der DDR und ist damit das einzige Museum in Deutschland, das sich derart intensiv mit der Aufarbeitung des alltäglichen Lebens in Ostdeutschland zur Zeit der Mauer und somit in einer Diktatur beschäftigt.

Auf seiner Homepage definiert das Museum deutlich seine selbsternannten Aufgaben, zu welchen insbesondere die Vermittlung von Geschichte als Erlebnis und ein interaktiver Austausch zwischen Besucher und Ausstellung gehören. Der Slogan „Geschichte zum Anfassen" unterstreicht, dass die Ausstellung der Objekte zum Erlebnis werden soll und der Vision „des interaktivsten Museums der Welt". Das *DDR Museum* ist für den European Museum of the Year Award 2008 nominiert worden und insbesondere in Relation zu der Ausstellungsfläche eines der meistbesuchten Museen Berlins.

Begründung

Im Oktober 2010 eröffnete das Museum im Zuge der konsequenten Umsetzung seines Erlebniskonzeptes das **DDR-Restaurant** *Domklause*, in welchem Museumsbesucher typische Mahlzeiten der ehemaligen DDR verkosten können. Um der Positionierung voll zu entsprechen, wurde der Name bewusst gewählt. Die *Domklause* war von 1979 bis 1992 das Restaurant mit deftiger deutscher Küche im Berliner Palasthotel, dem exklusivsten Hotel der DDR. Diesen geschichtsträchtigen Namen hat das *DDR Museum* nun bewusst wieder aufleben lassen, um dem Besucher die Atmosphäre der DDR auch in dem Restaurant multisensorisch und lebendig zu vermitteln. Auf der Homepage des Museums können Besucher direkt auf die Website des Restaurants gelangen und das kulinarische Angebot der *Domklause* – z. B. „Hackbraten gefüllt mit Spreewaldgurken"- einsehen.

Auch der **Museumsshop** offeriert **passgenaue Produkte zur DDR-Thematik**. Neben DDR Postkarten, einem umfassenden Literaturangebot – von Romanen bis hin zu Bildbänden – sowie verschiedenen Dokumentationsfilmen, bietet der Shop auch **originelle Mitnahmeprodukte** wie *Spreewaldgurken* und *Trabant*-Spielautos an, welche die DDR-Nostalgie zelebrieren (vgl. Abbildung 11).

Ebenso werden jedoch auch **Museumsproduktionen** im Sinne eines eigenen Merchandisings angeboten, welche konsequent das **Branding des DDR Museums** tragen, wie beispielsweise das DDR-Quiz oder das eigens entworfene DDR-Familienspiel. Überdies wird durch die ebenfalls im Shop erhältlichen Museumsgutscheine direkte Kundenbindung gefördert: Unter dem Motto „Verschenken Sie ein Stück Geschichte" kann über den gewünschten Betrag ein Geschenkgutschein ausgestellt werden, welcher sich sowohl beim Eintritt als auch im Shop und in der *Domklause* einlösen lässt. Die vorteilhafte Positionierung des Shops im **Eingangsbereich** des Museums fordert jeden Besucher unverbindlich und doch unvermeidlich auf, sich das reiche Shop-Angebot anzusehen.

Damit wird das Museum seinem Anliegen, geschichtliche Bildung lebendig zu machen und möglichst viele Menschen zu erreichen, gerecht und schafft einen Ort der Begegnung und des Erlebens. Dem selbsternannten Streben nach der langfristigen Erhaltung des Mediums Museum sowie seiner Stärkung wird überdies entsprochen, da der beschriebene Ansatz als ein neuer Schritt im Denken der Wissensvermittlung zu sehen ist.

Abbildung 11: Ausgewählte Produkte des Shops des *DDR Museums*

Quellen: DDR-Museum (2013); DDR-Restaurant (2013)

3.2.2.6 Markenanreicherung

Markenanreicherung bedeutet die Verknüpfung einer Marke mit zusätzlichen Imageobjekten, z. B. unternehmenseigenen oder -fremden Marken, Personen oder Charakteren, Veranstaltungen oder Institutionen, neutralen Quellen, Ländern und Regionen sowie Absatzkanälen (Baumgarth 2008a, S. 194 ff.). Keller zufolge erfolgt Markenanreicherung durch „leverage of related or 'secondary' brand associations" by linking brands „to other entities that have their own knowledge structures in the minds of consumers" and make them „assume or infer that some of the associations or responses ... may also be true for the brand" (Keller 2008, S. 349 f.).

Für die Beurteilung der Markenanreicherung stellt das MAK auf die folgenden Indikatoren ab:

(69) Kooperationen mit anderen Kulturinstitutionen

Von Kooperationen mit anderen Kulturinstitutionen auf nationaler und internationaler Ebene können Kulturinstitutionen profitieren. Auf der einen Seite durch den direkten Austausch im Bezug auf das Kulturprodukt wie beispielsweise Wanderausstellungen, Verleih von Ausstellungsobjekten, Gastspiele oder der Expertise von Kooperationspartnern. Zudem können so neue Kontakte angeregt und vermittelt werden, die Akteure in ihrer Arbeit zu unterstützen. Die jeweilige Kulturinstitution kann darüber hinaus über Kooperationen auch national und international sichtbarer werden und dadurch die Markenbekanntheit steigern.

Der internationale Austausch zwischen Künstlerinnen und Künstlern, gemeinsame Projekte zwischen regionalen und ausländischen Kulturinstitutionen und die Schaffung von dauerhaften Netzwerken sind Instrumente der kulturellen Partnerschaften.

(70) Kooperationen mit anderen „Marken" (Künstler, Unternehmen, Sponsoren)

Ähnlich wie Kooperationen mit anderen Kulturinstitutionen können auch Kooperationen mit anderen Marken wie Künstler, Unternehmen und Sponsoren von Vorteil sein. Insbesondere positiv besetzte oder prestigeträchtige Markenkooperationen sollten **öffentlichkeitswirksam** dargestellt werden. Die Kooperation mit Unternehmen und Sponsoren kann darüber hinaus als wichtige Finanzierungsquelle dienen.

(71) Anreizsysteme und Verbünde

Anreizsysteme und Verbünde sind Rabatt- oder Vorteilssysteme, die einen Zusammenschluss von Institutionen darstellen. Diese können spartenspezifisch, stadtteilbezogen, regionalbezogen etc. sein. Für den Besucher bedeutet dies in der Regel einen vergünstigten Eintritt bei einer Reihe von Institutionen. Teilweise besteht bei Anreizsystemen eine Zusammenarbeit mit den Verkehrsbetrieben der jeweiligen Stadt und/oder den Tourismuszentralen der Städte. Insbesondere für Touristen können diese Anreizsysteme und ihre jeweiligen Inhalte auch als Orientierung dienen. Häufig finden sich Bezeichnungen wie Welcome Card oder City Tour Card.

Für die Stadt Berlin können beispielsweise folgende Anreizsysteme und Verbünde genannt werden:

1. Berlin City Tour Card
2. Berlin Highlights
3. Berlin Stars

4. Berlin Welcome Card
5. Berliner Museumspass
6. Classic Card
7. DT Card (Deutsches Theater)
8. Get2card
9. Groupon
10. Individuelle Vorteilsysteme
11. Jahreskarte (bzw. Jahreskarte PLUS)
12. Staatsoperncard
13. Tanzticket
14. Theaterclub Berlin

(72) Sponsoring

Die Kulturinstitution kann selber als Sponsor von Kultur für das breite Publikum agieren. Beispielsweise kann ein Sponsoring von Awards, Kunstpreisen, Wettbewerben, Nachwuchsförderung oder Events erfolgen. Dieses Sponsoring sollte deutlich sichtbar sein und öffentlichkeitswirksam kommuniziert werden, damit eine positive Wirkung für die jeweilige Kulturmarke zustande kommen kann.

(73) Bildung von Netzwerken

Netzwerke können zu unterschiedlichen Einrichtungen und gesellschaftlichen Gruppen durch Kulturinstitutionen unterhalten werden. Netzwerke beinhalten Möglichkeiten der Kommunikation, Information und Werbung. Zudem werden Beteiligungsmöglichkeiten über Netzwerke wie Bildungseinrichtungen, Stiftungen, Vereine, Verbände oder sonstige gesellschaftliche Gruppen geschaffen.

Praxisbeispiel 12 zeigt am Beispiel des Museums *MoMA* die vielfältigen Optionen der Markenanreicherung auf.

Praxisbeispiel 12: Markenanreicherung *Museum of Modern Art (MoMA)*

Kurzportrait

Das *Museum of Modern Art (MoMA)* wurde 1929 in New York als Bildungseinrichtung gegründet und zählt heute zu den weltweit führenden und bedeutendsten Museen moderner und zeitgenössischer Kunst. Das *MoMA* verfolgt die Mission, seinen Besuchern zu helfen, die Kunst unserer Zeit zu verstehen und zu genießen. Es präsentiert umfangreiche Ausstellungen zu Architektur, Design, Zeichnungen, Gemälden, Film, Skulpturen, Fotografien, Drucken, Media und Performance Art.

Begründung

Das *MoMA* ist als Best-Practice-Beispiel für die Dimension Markenanreicherung zu beschreiben, da es diverse Kooperationen mit anderen „Marken" in Form von Sponsoring oder Künstlerkooperationen unterhält, Mitglied in verschiedenen Anreizsystemen ist und Netzwerke zu Bildungseinrichtungen sowie unterschiedlichen gesellschaftlichen Organisationen betreibt.

Zu den **Sponsoren** des *MoMA* zählen **namenhafte Unternehmen** wie *VW*, *Bloomberg* oder *UNIQLO*. Die Sponsoren werden auf der Museumswebsite gut für den Besucher wahrnehmbar gewürdigt und aufgeführt. Auch die Kooperation mit der Marke *UNIQLO*, einer japanischen Modekette, die jeden **Freitagabend von 16.00 bis 20.00 freien Eintritt** für alle Besucher sponsert, wird entsprechend auf der Museumswebsite kommuniziert. Neben den Sponsoren unterhält das *MoMA* **Kooperationen mit Künstlern**, wie beispielsweise der Hollywood-Schauspielerin *Tilda Swinton*, welche mit ihrer Performance „The Maybe" seit März 2013 die Marke *MoMA* weiter anreichert.

Das MoMA kooperiert darüber hinaus mit anderen **kulturbezogenen Institutionen** und **Veranstaltern**, wie beispielsweise dem *International Contemporary Furniture Fair*, der jährlich stattfindenden nordamerikanischen Messe zu globalem, zeitgenössischem Design (icff.com). Die Zusammenarbeit ermöglichte es dem museumseigenen *MoMA* Shop, eine **Kollektion exklusiver Produkte** anzubieten, die in New York designt und in den USA hergestellt worden sind. Ein weiteres Beispiel für die vielfältigen Kooperationen des *MoMA* mit anderen „Marken" ist *Moleskine*. Das *MoMA* veranstaltete beispielsweise die *Moleskine* Detour Ausstellung in New York und Tokyo. Im Gegenzug wurden einige *Moleskine* Limited Editions in Zusammenarbeit kreiert. Im Jahr 2010 wurde beispielsweise ein *MoMA* New York City Planner sowie eine Limited Edition zur Würdigung der Bauhaus Ausstellung im *MoMA* im Jahr 2009 von *Moleskine* herausgebracht.

Um die Marke weiter anzureichern, ist das *MoMA* Mitglied in diversen **Anreizsystemen** und Verbünden wie beispielsweise dem „New York Pass" oder dem „New York City Pass", welche freien bzw. vergünstigten sowie schnelleren Eintritt in das Museum gewähren. Diese Angebote werden für die Besucher wahrnehmbar auf der Museumswebsite präsentiert. Durch eine Kooperation mit *Groupon* können Besucher auch auf diesem Weg vergünstigte Tickets erhalten.

Zudem unterhält das *MoMA* **umfangreiche Netzwerke zu Bildungseinrichtungen** sowie **gesellschaftlichen Gruppen**. Beispielsweise werden für in diesem Bereich engagierte Organisationen diverse Bildungsprogramme angeboten. Darüber hinaus bietet das Museum für die Öffentlichkeit Online-Kurse zu moderner Kunst an und für unabhängige Forscher eine Bücherei sowie Studienräume. Alle Aktivitäten werden deutlich nach Außen kommuniziert.

Quelle: MoMA (2013)

3.2.3 Markenperformance

Die Markenperformance bildet das Ergebnis der Marke einer Kulturinstitution ab. Als Dimensionen der Markenperformance werden im Weiteren die Markenstärke bei Besuchern, die Markenstärke in der Öffentlichkeit und die Besucherzahlen voneinander abgegrenzt.

3.2.3.1 Markenstärke bei Besuchern

In der Literatur finden sich eine Vielzahl von Markenstärkemodellen (zum Überblick z. B. Christodoulides/de Chernatony 2010; Salinas 2009). Allerdings finden sich nur vereinzelt Modelle, die speziell für den Kultur- und Kunstbereich entwickelt bzw. empirisch getestet wurden (Baumgarth/Kolomoyschenko 2012; Camarero/Garrido/Vincente 2010; Clement/Völckner/Granström/van Dyk 2008). Aufbauend auf den bisherigen Forschungen wird für die Beurteilung der Markenstärke auf dem Besuchermarkt ein Beurteilungsmodell mit vier Dimensionen gewählt, welches insbesondere auf den klassischen Modellen von Keller (1993) und Aaker (1991) aufbaut. Abbildung 12 zeigt dieses Modell im Überblick.

Abbildung 12: Markenstärkemodell für Kulturinstitutionen

Folgende Indikatoren werden zur Beurteilung der Markenstärke bei Besuchern verwendet:

(74) Markenbekanntheit

Grundvoraussetzung für die (positive) Wirkung von Marken im Kulturbereich ist die Bekanntheit der Marke bei (potentiellen) Besuchern. Die Bekanntheit kennzeichnet allgemein die Fähigkeit von Menschen ein bestimmtes Objekt bei Vorgabe einer bestimmten Kategorie (hier z. B. Museen in Berlin) zu erinnern (ungestützte Bekanntheit, Recall) oder dieses bei Präsentation bestimmter Stimuli (z. B. Logo oder Name) wieder zu erkennen (gestützte Bekanntheit, Recognition). Da Besuche von Kulturinstitutionen überwiegend geplant erfolgen, ist hier die ungestützte Bekanntheit (Recall) von größerer Bedeutung.

Die Bekanntheit von Kulturinstitutionen lässt sich sinnvollerweise nur bei Nichtbesuchern evaluieren, wobei sich diese Zielgruppe weiter in regionale Zielgruppen (z. B. Bewohner von Berlin) und Touristen (national, international) unterteilen lässt. Bezüglich des absoluten Niveaus zu Bekanntheitsgraden von Kulturinstitutionen gibt es keine verlässlichen Quellen. Im Rahmen einer Seminarveranstaltung an der *Hochschule für Wirtschaft und Recht Berlin* im Jahre 2010 wurde als Höchstwert für die ungestützte Bekanntheit bei Touristen ein Wert von knapp über 40 % (*Deutsche Oper*) ermittelt. Allerdings erreichen nur wenige Kulturinstitutionen Werte von mehr als 15 %, weshalb Werte über 15 % schon als gute Werte interpretiert werden können. Es wird für beide Zielgruppen Touristen und Einheimische daher folgende Einteilung gewählt:

- gering: unter 5 %,
- zufriedenstellend: 5 – 10 %,
- gut: 10 – 25 %,
- exzellent: über 25 %

(75) Markenimage

Eine zweite Facette der Markenstärke stellt das Markenimage als Summe aller im Kopf des Besuchers gespeicherten Vorstellungen über die Kulturinstitution dar. Dabei ist es insbesondere von Bedeutung, dass eine Kulturinstitution über einzigartige Assoziationen verfügt. Weiterhin führt das Markenimage nur zu einer Erhöhung der Markenstärke, wenn diese Assoziationen vorteilhaft sind. Im Gegensatz zur Markenbekanntheit lässt sich diese Größe sowohl bei Besuchern als auch Nichtbesuchern messen.

(76) Markeneinstellung

Die dritte Größe stellt die Markeneinstellung (ähnliche Größen: Sympathie, wahrgenommene Qualität) als zusammenfassende Beurteilung der Kulturmarke aus Besucher- und Nichtbesuchersicht dar. Speziell bei Besuchern lässt sich als Ersatzgröße für die Markeneinstellung die Zufriedenheit mit dem Besuch verwenden.

(77) Markenloyalität

Die vierte Facette der Markenstärke stellt die Markenloyalität dar, welche die innere Verbindung der Besucher mit der Kulturinstitution evaluiert. Neben der Absicht die Kulturinstitution wiederholt zu besuchen, sind insbesondere die emotionale Verbindung (Markenzuneigung, Brand Attachement) und die Weiterempfehlungsbereitschaft wichtige Indikatoren für die Markenloyalität.

Praxisbeispiel 13 weist für das *Pergamonmuseum* eine hohe Markenstärke bei Besuchern nach.

Praxisbeispiel 13: Markenstärke bei Besuchern *Pergamonmuseum*

Kurzportrait

Das *Pergamonmuseum* wurde nach den Entwürfen von Alfred Messel zwischen 1910 und 1930 durch Ludwig Hoffmann errichtet und beherbergt heute Teile der Antikensammlung, das Vorderasiatische Museum und das Museum für Islamische Kunst. Durch die eindrucksvollen Rekonstruktionen von archäologischen Bauensembles ist das Museum weltweit berühmt geworden.

Begründung

Die Markenstärke einer Kulturinstitution setzt sich aus deren **Bekanntheit** und der **Beurteilung** durch die Besucher zusammen. Allerdings gibt es bislang keine umfassenden und vergleichenden Studien zur Markenstärke von Kulturinstitutionen. Daher wird im Folgenden auf eine Studie abgestellt, die Ende 2012 im Rahmen einer Lehrveranstaltung an der *HWR Berlin* von studentischen Gruppen durchgeführt wurde. Die Studie umfasste die persönliche Befragung von 206 Einwohnern in Berlin zur Bekanntheit und Beurteilung von neun Berliner Museen. Insgesamt wurde die Markenstärke durch Fragen zur „gestützten und ungestützten Markenbekanntheit", zum „Nutzen" (Vergnügen, Wissenserweiterung, Inspiration, Geselligkeit), zur „Sympathie", zur „Qualität" (wertvolle Ausstellung, gute Präsentation), zum „Vertrauen" sowie zur „Loyalität" ermittelt.

Die Fragen zu „Nutzen", „Sympathie", „Qualität", „Vertrauen" und „Loyalität" wurden zu einem **Markenstärke-Index** verrechnet. Ferner wurde noch eine globale Abfrage zur Markenstärke (Weiterempfehlung, Akzeptanz von höheren Eintrittsgeldern, Bedauern des Schließens des Museums) erhoben. Tabelle 6 zeigt die Ergebnisse für drei Museen, die jeweils von 40-50 Berlinern beurteilt wurden.

Tabelle 6: Markenstärke ausgewählter Museen aus Sicht der Berliner Bevölkerung

	Pergamon-museum	Naturkunde-museum	Deutsches Technikmuseum
Ungestützte Markenbekanntheit	22 %	20 %	11 %
Gestützte Markenbekanntheit	94,1 %	89,9 %	86,3 %
Markenstärke-Index*	1,56	1,80	1,71
Globale Markenstärke*	1,77	1,93	1,93

* Fünfer-Skala, wobei 1 für positiv und 5 für negativ steht.

(Quelle: Bahr/Biesold/Engelhardt/Fischer/Froese/Metschurat/Riegger/Winkler 2013)

Der Tabelle ist zu entnehmen, dass das *Pergamonmuseum* im Rahmen dieser Studie bei den Berlinern vor dem *Naturkundemuseum* und dem *Deutschen Technikmuseum* die stärkste der untersuchten Kulturmarken ist. Dies gilt sowohl für die Bekanntheit als auch für die Beurteilung. Diese Ergebnisse werden auch durch Bewertungen auf Social-Media-Plattformen wie *qype* und *tripadvisor* oder durch Metasysteme wie *trivago* bestätigt (vgl. Tabelle 7).

Tabelle 7: Beurteilung des *Pergamonmuseums* auf Social Media-Plattformen (Stand: 30.05.2013)

Bewertungsportale	Anzahl der Bewertungen	Beurteilung
*QYPE ENTDECKEN. EMPFEHLEN.	112	5 Sterne
tripadvisor WORLD'S MOST TRUSTED TRAVEL ADVICE™	3092	4,5 Punkte von 5 Platz 2 in Berlin (Platz 1: Berliner Philharmonie)
trivago	59	84 von 100 Punkten Nr. 1 von 94 Museen in Berlin

Diese herausragende Markenstärke des *Pergamonmuseums* spiegelt sich auch in dem Rang 1 bei den jährlichen **Besuchszahlen** wider. Die Tabelle 8 zeigt die sechs am häufigsten besuchten Museen in Berlin (Jahr 2011).

Tabelle 8: Besuchszahlen Berliner Museen

	Besuche (2011)
Pergamonmuseum	1.301.752
Neues Museum	902.934
Haus am Checkpoint Charlie	870.000
Stiftung Topographie des Terrors	804.000
Deutsches Historisches Museum	741.336
Jüdisches Museum Berlin	721.656

(Quelle: Berlin 2012)

Quellen: Bahr/Biesold/Engelhardt/Fischer/Froese/Metschurat/Riegger/Winkler (2013); Berlin (2012); Qype (2013); Tripadvisor (2013); Trivago (2013).

3.2.3.2 Markenstärke Öffentlichkeit

Schwerpunkt der Analyse bildet die Markenführung und Markenstärke auf dem Besuchermarkt. Allerdings ist zu erwarten, dass die Medien einen Einfluss auf die Markenstärke der Besucher haben. Daher werden sowohl klassische (Reiseführer) als auch digitale Medien (Suchmaschinen, Social Media) in Bezug auf Erwähnung (als Treiber für die Bekanntheit) und Beurteilung (als Treiber der Markeneinstellung) berücksichtigt.

(78) Markenpräsenz in Reiseführern

Als Bewertungskriterium kann verwendet werden, ob die Kulturinstitution prominent in relevanten nationalen und internationalen Reiseführern vertreten ist. Hierzu erfolgt die Auswahl von Reiseführern, die für eine bestimmte touristische Region (z. B. Stadt) die höchsten Auflagen erreichen.

(79) Markenevaluation in Reiseführern

Zusätzlich zur Präsenz in Reiseführern sollte evaluiert werden, wie die Institution dort inhaltlich dargestellt und beschrieben wird. Als Kriterium kann herangezogen werden, ob die Kulturinstitution in mehreren nationalen und internationalen Reiseführern besonders hervorgehoben wird.

(80) Markenpräsenz in digitalen Medien

Als Indikator kann verwendet werden, ob die Kulturinstitution prominent in relevanten digitalen Medien (Suchmaschinen, Blogs, *Twitter*, *Youtube*, Bewertungsportale etc.) vertreten ist.

(81) Markenevaluation in digitalen Medien

Zusätzlich zur Präsenz in digitalen Medien sollte auch bei diesem Merkmal die inhaltliche Darstellung und Beschreibung evaluiert werden. Als Kriterium kann herangezogen werden, ob die Kulturinstitution in den relevanten digitalen Medien häufig in positiver Weise hervorgehoben wird.

Praxisbeispiel 14 belegt am Beispiel *Tate* die hohe Markenstärke in der Öffentlichkeit.

Praxisbeispiel 14: Markenstärke in der Öffentlichkeit *Tate*

Kurzportrait

Die *Tate* ist ein Netzwerk von vier großen Galerien in Großbritannien. Darunter befinden sich die *Tate Britain* und die *Tate Modern*, jeweils ansässig in London, die *Tate Liverpool* und die *Tate St. Ives*. Mit insgesamt 70.000 Exponaten besitzt die *Tate* die größte Sammlung Britischer Kunstwerke vom 16. Jahrhundert bis heute und ist Anlaufstelle für Liebhaber internationaler moderner und zeitgenössischer Kunstwerke. Darüber hinaus vergibt das Museum jedes Jahr den *Turner-Preis* und stellt somit eine der wichtigsten Förderinstitutionen junger Künstler dar.

Begründung

Mit der *Tate Online* ist 2000 eine übergreifende Website der vier *Tate*-Galerien eingerichtet worden, um die Galerien einem größeren Publikum zugänglich zu machen und es verstärkt an den Aktivitäten der Kunststätten teilhaben zu lassen. Des Weiteren präsentiert die Webseite zahlreiche Werke aus dem Inventar der Galerien und informiert im Speziellen über Ausstellungen und anstehende Veranstaltungen.

Die *Tate*-Galerien besitzen ferner einen **gemeinsamen Kanal auf** *Youtube*. Dort werden mindestens einmal pro Woche Kurzfilme unter den Namen *TateShots* veröffentlicht, die sich mit Themen rund um Ausstellungen und Künstler der vier Sektoren der *Tate* beschäftigen.

Im Rahmen ihrer Öffentlichkeitsarbeit kommuniziert die *Tate* außerdem über **Soziale Netzwerke** wie *Twitter* und *Facebook* neueste Informationen rund um Ereignisse der vier *Tate*-Institutionen, wie zum Beispiel Links und Hinweise zu Kunstprojekten und Videos auf *Youtube*. Mit rund **561.000** *Facebook*-**Freunden** und rund **864.000** *Twitter*-**Followern** hat die *Tate* eine breit aufgestellte Anhängerschaft, die mit dem Kunstmuseum durch Posts und Verlinkungen regelmäßig in Kommunikation tritt.

Die öffentliche Bekanntheit der *Tate*-Galerien wird auch durch die Erwähnung in London-**Reiseführern** verstärkt. Bei einer Untersuchung mit einem Stichprobenumfang von zehn bekannten deutschsprachigen London-Reiseführern konnte festgestellt werden, dass sowohl die *Tate Britain* als auch die *Tate Modern* in **jedem der zehn Reiseführern** nicht nur erwähnt werden, sondern teilweise mehrseitige **Empfehlungen** mit detaillierten Ausstellungsbeschreibungen abgedruckt sind und die Galerien einen ähnlichen Stellenwert für London zugeschrieben bekommen, wie die *Tower Bridge* oder *St. Paul's Cathedral*. Somit kann festgehalten werden, dass die *Tate* in den Reiseführern eine wichtige Position einnimmt, die auch direkt auf die Besucher wirkt.

Quellen: Tate (2013a, 2013b, 2013c, 2013d)

3.2.3.3 Besuchszahlen

Markenstärke stellt an sich kein Ziel einer Kulturinstitution dar, sondern ist eine zusammenfassende Größe, welche die Attraktivität der Marke für Besucher abbildet. Diese Attraktivität führt dann zu positiven Entwicklungen auf Seiten der Besuchszahlen. Daher bildet die Anzahl der Besucher sowie die Entwicklung der Besuchszahlen die beiden zentralen finalen Performancegrößen für Kulturinstitutionen (auf dem Besuchermarkt).

(82) Besuchsanzahl

Zwar hängt die Anzahl der Besuche auch von der Größe der jeweiligen Institution ab (z. B. Ausstellungsfläche, Anzahl an Sitzplätzen), allerdings liegen bislang keine entsprechenden Größen vor. Daher wird hilfsweise auf die durchschnittliche Anzahl von Besuchen im Jahre 2010 getrennt nach Museen und Bühnen abgestellt. Nach den Statistiken des Instituts für Museumforschung (2011) erreichte ein Museum im Durchschnitt 22.640 Besuche. Bei Bühnen wird auf der Basis der Auswertungen des Deutschen Bühnenvereins (2010) das Verhältnis zwischen Besuchen und Sitzplätzen im Jahre 2010 verwendet. Demnach standen dem Publikum insgesamt 274.600 Sitzplätze zur Verfügung und die Bühnen erreichten 19.498.033 Besuche. Als Quotient ergibt sich für Bühnen damit ein Wert von 71.

(83) Entwicklung Besuchszahlen

Die Entwicklung der Besuchszahlen wird prozentual über die letzten drei Jahre gemessen. Die Museen erreichten im Durchschnitt ein Wachstum von 2,05 % (Institut für Museumsforschung 2011), die Bühnen ein negatives Wachstum von -2,2 % (2008/2009 im Vergleich zu 2009/2010, Deutscher Bühnenverein 2010). Diese beiden Wachstumszahlen werden als Vergleichsmaßstab für die Besucherentwicklung der jeweiligen Kulturinstitution genommen.

Praxisbeispiel 15 präsentiert am Beispiel des *Anne Frank Hauses* eines der gemessen an den Besuchszahlen im Verhältnis zu der Größe weltweit erfolgreichsten Museen.

Praxisbeispiel 15: Besuchszahlen *Anne Frank Haus*

Kurzportrait

Das *Anne Frank Haus* an der Amsterdamer Prinsengracht 263 bot während des zweiten Weltkrieges acht Menschen ein geheimes Versteck vor der Verfolgung durch die Nationalsozialisten und ist der Ort, an dem die berühmten Tagebuchaufzeichnungen der Anne Frank entstanden. Nach dem Krieg gründeten Amsterdamer Bürger die Anne Frank Stiftung, um diesen denkwürdigen Ort zu erhalten, öffentlich zugänglich zu machen und Anne Franks Ideale weiterzutragen. Am 3. Mai 1960 wurde das Haus eröffnet und zählt heute mit jährlich rund 1 Million Besuchern zu einem der drei meistbesuchten Museen Amsterdams sowie zu einem der zehn beliebtesten Museen Europas (eurparl.de) und erinnert noch immer eindringlich an den Krieg, an die Zeit der Besatzung und an die europaweite Judenverfolgung.

Begründung

Auch wenn das Museumsangebot des *Anne Frank Hauses* historisch bedingt einmalig ist, so sind die beeindruckenden Besucherzahlen nicht allein auf diese Sonderstellung des Hauses zurückzuführen. Das *Anne Frank Haus* hat im Laufe seines mehr als 50-jährigen Bestehens tiefgreifende Sanierungen durchgeführt, sowohl um seinen Weiterbestand zu ermöglichen als auch um den wachsenden Besuchszahlen gerecht zu werden. Schon nach kurzer Zeit zählte das Haus **mehr als 1.000 Besucher täglich**, konnte den Zustrom aber aufgrund seiner architektonischen Beschaffenheit nicht bewältigen. Im Zuge umfangreicher Sanierungen und Erneuerungen, konnte das *Anne Frank Haus* sowohl dem Anspruch seiner Besucher als auch seiner Verantwortung gegenüber der Geschichte gerecht werden.

Nach wie vor verzeichnet das *Anne Frank Haus* einen großen Besucheransturm. Seit der Eröffnung (1960) nahm das Besucherinteresse fast ununterbrochen zu – von einigen zehntausend Besuchern in den ersten Jahren nach der Eröffnung bis zu einer Million Besucher pro Jahr heute.

1967 verzeichnete das *Anne Frank Haus* zum ersten Mal mehr als 100.000 Besuche, 1975 waren es mehr als 250.000. Zehn Jahre später (1985) kamen zum ersten Mal mehr als eine halbe Million Menschen. Im Jahr 2007 wurden erstmals **mehr als eine Million Besuche** gezählt. Auf der Homepage des Museums finden sich die Besuchszahlen von 1969-2012 durchgehend dokumentiert (vgl. Abbildung 13).

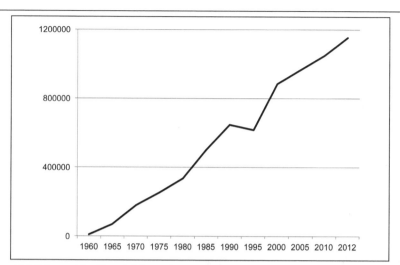

Abbildung 13: Entwicklung der Besuchszahlen des *Anne Frank Hauses*

Zudem führt das Museum Untersuchungen zu seiner Besucherstruktur bezüglich Alter, Herkunft und anderen demographischen Merkmalen durch, so dass das Museum selbst ein klares Bild seiner „Kunden" besitzt und sich im Vergleich zu anderen Museen weltweit einordnen kann. Eine Besucheranalyse zeigte, dass der Durchschnittsbesucher des *Anne Frank Hauses* jung ist (fast zwei Drittel der Besucher sind unter dreißig, dem westlichen Kulturkreis angehört, in einer Ehe oder Partnerschaft lebt und noch keine Kinder hat. Zudem kommt der Großteil der Besucher – rund 90% – aus dem Ausland. Für viele Amsterdam-Touristen gehört ein Besuch im *Anne Frank Haus* dazu, natürlich vor allem wegen Anne Franks weltbekannten Tagebuchs.

Quelle: Anne Frank Haus (2013)

3.3 MAK-Markenmodell

Der erste Faktor, die sog. **Potentialfaktoren**, umfasst solche Faktoren, die entscheidend für den Aufbau bzw. die Pflege von Kulturmarken sind, aber nicht direkt die Stärke der Marke beeinflussen. Diese Kategorie enthält sechs Dimensionen mit jeweils untergeordneten Indikatoren.

Der zweite Faktor **Markenkontaktpunkte** umfasst alle direkten Berührungspunkte des Besuchers mit der Marke. Diese zweite Kategorie enthält ebenfalls sechs untergeordnete Dimensionen.

Der dritte Faktor, die sog. **Markenperformance**, bildet schließlich die Wirkung der Marke auf den Besucher ab und ist in drei Dimensionen unterteilt.

Insgesamt setzt sich das MAK-Markenmodell aus 3 Faktoren, 15 Dimensionen und 83 Indikatoren zusammen, wobei zwei Faktoren (Potentialfaktoren, Markenkontaktpunkte) als Inventur der Marke und der dritte Faktor (Markenperformance) als Performance beschrieben werden können.
Abbildung 14 fasst das MAK-Markenmodell grafisch zusammen.

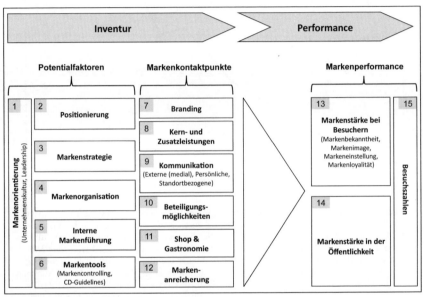

Abbildung 14: MAK-Markenmodell

4 Umsetzung des MAKs

4.1 MAK-Prozess

Im folgenden Kapitel geht es um die konkrete Umsetzung des MAKs, welche in einzelnen Schritten erläutert wird. Daneben werden Empfehlungen und Anregungen gegeben, die sich aus den praktischen Erfahrungen der Verfasser herauskristallisiert haben.

Bei dem MAK handelt es sich um ein unabhängiges Analyseverfahren, mit dem die Markenführung und die Markenwirkung von Kulturinstitutionen ganzheitlich gemessen werden. Hierbei erfolgt anhand der Erfüllung der internen und externen MAK-Indikatoren des MAK-Modells die Ermittlung des Ist-Zustands der Kulturmarke. Dadurch werden Hinweise auf erfolgreich umgesetzte Markenaktivitäten genauso gegeben wie Schwächen identifiziert (Baumgarth/Douven 2010, S. 658; Kaminske/Brauer 1995, S. 8). Mit Hilfe der Metapher einer klassischen Ampel lassen sich diese Stärken und Schwächen der Markenführung anschaulich darstellen. Anhand der Ergebnisse kann die Kulturinstitution ihre Markenaktivitäten überwachen, steuern und zukunftsorientiert Verbesserungen vornehmen. Das MAK kann – im Sinne eines zeitraumbezogenen Markencontrollings – in regelmäßigen Abständen durchgeführt werden, so dass auch Veränderungen erkannt und über längere Beobachtungszeiträume analysiert werden können.

Das MAK ist nicht nur ein Instrument zur Fehlerdiagnose. Vielmehr nimmt es den gesamten Kulturbetrieb unter die Lupe. Inwiefern identifizierte und vorhandene Entwicklungspotentiale tatsächlich genutzt werden können, hängt von der **Bereitschaft der Kulturinstitution** zur Anpassung interner Organisationsstrukturen, der Unternehmenskultur und der Mitarbeiterführung ab. Das Erfolgsrezept liegt nicht im MAK selbst, sondern in der **Offenheit der Kulturinstitution**, Veränderungspotentiale aufdecken und Veränderungen herbeiführen zu wollen.

Idealtypisch lässt sich die Durchführung eines konkreten MAKs in drei Phasen und sieben Prozessschritte einteilen. Die erste Phase mit zwei Prozessschritten dient der **Vorbereitung des MAKs** und umfasst u. a. die Bildung des Auditteams, die Entwicklung eines Markensteckbriefes sowie die Festlegung von potentiellen Informationsquellen und Zeitplänen. Die zweite Phase eines MAKs beinhaltet die eigentliche **Durchführung** des MAKs. In dieser Phase sind mit Hilfe von Sekundär- und Primärforschung die notwendigen Informationen zu erheben. Weiterhin sind diese Informationen durch das Auditteam zu integrieren, die Indikatoren zu bewerten und die MAK-Ergebnisse zu ermitteln. In der letzten Phase, der Abschlussphase, geht es um die „Übersetzung" der MAK-Ergebnisse in eine für die Kulturinstitution verständliche Darstellungsform und Sprache. Dies erfolgt durch die Ableitung von Impulsen zur Verbesserung der Markenführung und durch die Kommunikation der MAK-Ergebnisse im Rahmen eines MAK-Workshops. Abbildung 15 fasst den idealtypischen MAK-Prozess zusammen.

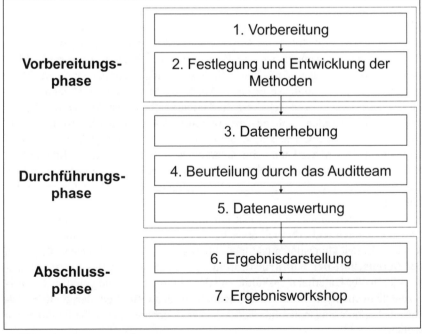

Abbildung 15: MAK-Prozess

Im Folgenden werden die wichtigsten methodischen Bausteine des MAK-Prozesses erläutert.

4.2 Vorbereitung

Erster Schritt und Voraussetzung für die erfolgreiche Durchführung des MAKs ist eine gründliche Vorbereitungsphase. Auf diese Weise können vermeidbare Schwierigkeiten oder gar einem Abbruch im fortgeschrittenen Stadium vorgebeugt werden. Auch aus diesem Grund muss das MAK von Beginn an von der Leitungsebene der Kulturinstitution getragen und aktiv unterstützt werden. Die Vorbereitungsphase selbst kann sinnvoll, wie in Tabelle 9 zusammengefasst, in fünf Schritte gegliedert werden.

Tabelle 9: Checkliste MAK-Vorbereitungsphase

(1) Festlegung des externen Auditteams und des Auditleiters
(2) Festlegung der am MAK teilnehmenden Personen der Kulturinstitution
(3) Vorgespräch und Markensteckbrief der zu untersuchenden Kulturinstitution
(4) Festlegung der Ziele und der Rahmenbedingungen des MAKs
(5) Festlegung des Auditablaufes anhand eines Maßnahmen- und Zeitplans

(1) Festlegung des externen Auditteams und des Auditleiters

Die Durchführung des MAKs erfolgt durch ein **externes Auditteam**. Die Aufgaben des Auditteams bestehen in der Vorbereitung, Durchführung, Dokumentation, Interpretation und Kommunikation der Ergebnisse des MAKs. Zur Gewährleistung eines objektiven MAKs ist dabei die Unabhängigkeit des Auditteams von der Kulturinstitution entscheidend.

Es sollte aus zwei oder mehreren **qualifizierten Mitgliedern** bestehen, die Kompetenzen im jeweiligen **Kulturbereich** und in Bezug auf **Marken** einbringen. Ein Mitglied wird als verantwortlicher Leiter eingesetzt. Dieser sollte über Führungskompetenzen und über Projekterfahrung verfügen. Die einzelnen Mitglieder spielen für den Umsetzungserfolg des Audits eine wesentliche Rolle. Vor allem fachliche, methodische, soziale, kommunikative und organisatorische Kompetenzen sollten Berücksichtigung finden. Auch Verantwortlichkeiten im Team müssen klar definiert werden. Zugleich ist eine Ausgewogenheit des Teams wichtig, die eine gleichberechtigte Gesprächsführung und Zusammenarbeit ermöglichen soll (Gietl/Lobinger 2013, S. 610 ff.). Die Mitglieder des Auditteams sind verantwortlich für eine genaue und strukturierte Umsetzung des MAKs. Des Weiteren betreuen sie die umfassende und nachvollziehbare Dokumentation der berücksichtigten Quellen sowie die Begründungen für die Beurteilung der einzelnen MAK-Indikatoren. Es kann empfehlenswert sein, zur Beurteilung einzelner Indikatoren auch zusätzliche Experten mit Spezialwissen als zusätzliche Berater hinzuziehen (Hüttner/Ahsen/Schwarting 1999, S. 349; Litke/Kunow 2006, S. 75).

(2) Festlegung der am MAK teilnehmenden Personen der Kulturinstitution

Das externe Auditteam wird durch **interne Ansprechpartner** der Kulturinstitution betreut. Es sollte sichergestellt sein, dass die internen Ansprechpartner für das Projekt von Seiten der Kulturinstitution als verantwortlich erklärt werden, in Bezug auf Markenführung qualifiziert sind und über zeitliche Ressourcen verfügen. Je nach Größe der Kulturinstitution kann auch eine interne Arbeitsgruppe gebildet werden, wobei zu einer heterogenen Zusammensetzung aus verschiedenen Abteilungen (z. B. Marketing, Personal, künstlerische Leitung) geraten wird.

(3) Vorgespräch und Markensteckbrief der zu untersuchenden Kulturinstitution

Als sinnvoll hat sich erwiesen, zu Beginn des MAKs ein Vorgespräch mit der Kulturinstitution zu führen. So können bereits im Vorfeld Erwartungen und Ausgangsbedingungen geklärt werden. Das Vorgespräch dient zur Schaffung einer gemeinsamen Kommunikations- und Vertrauensbasis zwischen der Kulturinstitution und dem Auditteam. Hilfreich ist es, zu Beginn einen **Markensteckbrief** der Kulturinstitution zu erstellen. Im Markensteckbrief sollen das Profil, die Inhalte und die Besonderheiten der zu untersuchenden Kulturinstitution erfasst werden. Auf diese Weise können bereits im Voraus die spezifischen Bedingungen der Kulturinstitution identifiziert und entsprechend berücksichtigt werden. Zum Beispiel kann für manche Institutionen die Standortwahl zum evaluierbaren Teil der Markenführung werden, während bei anderen Institutionen der Standort zwar Teil der Marke ist, prinzipiell aber nicht oder nicht mehr veränderbar ist. Ein kleines Museum kann den Standort relativ leicht wechseln, während bei einem Opernhaus der Standort eine langfristige strategische Festlegung darstellt.

(4) Festlegung der Ziele und der Rahmenbedingungen des MAKs

In der Vorbereitungsphase sollten auch erreichbare Ziele festgelegt werden: Diese können die Verbesserung der Markenführung, die Erhöhung der Besucherzufriedenheit und der Besucherzahlen, die Optimierung der internen Kommunikation und die Steigerung der Mitarbeitermotivation sein. Zusätzlich kann an der Festlegung der Positionierung, der Analyse und der Veränderung der Markenorganisation gearbeitet werden. An der Entwicklung der Ziele des MAKs sollten Mitarbeiter der Kulturinstitution wie auch Mitglieder des Auditteams mitwirken. Des Weiteren gilt es, grundlegende Rahmenbedingungen für die Durchführung des MAKs festzulegen. Hierzu gehört die Planung der administrativen, technischen und personellen Ressourcen. In beiden Fällen ist die transparente Kommunikation innerhalb der Kulturinstitution nicht zu vernachlässigen. Denn bereits zu Beginn des Projektes sollte die Leitungsebene die Bedeutung und den Nutzen der Durchführung des MAKs den Mitarbeitern verdeutlichen und über die festgelegten Ziele informieren.

(5) Festlegung des Auditablaufes anhand eines Aufgaben- und Zeitplans

Beim MAK handelt es sich zwar um ein umfangreiches und arbeitsintensives Projekt, das knappe Ressourcen wie Zeit und Personal bindet, dem steht aber ein erheblicher langfristiger Nutzen durch die Stärkung der Marke gegenüber.

In der Vorbereitungsphase sollten die einzelnen Auditschritte inklusive der jeweiligen Aufgaben in einem Aufgaben- und Zeitplan festgelegt werden. Abbildung 16 zeigt exemplarisch einen Zeitplan für ein MAK.

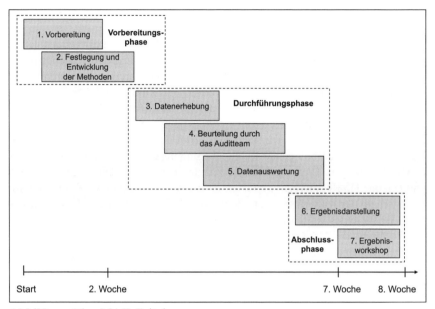

Abbildung 16: MAK-Zeitplan

In diesem Plan sind Aufgaben zu identifizieren, zu beschreiben und einzelnen Mitgliedern des Auditteams sowie den Ansprechpartnern der Kulturinstitution zuzuordnen. Das kann zu Beginn ein grober Meilensteinplan sein, der später im Detail verfeinert und um Verantwortlichkeiten und Termine ergänzt wird. Die genaue Länge eines MAK-Projektes hängt entscheidend davon ab, ob und in welchem Umfang Daten durch Primärforschung (z. B. Besucherbefragung) erhoben werden müssen. Gleichzeitig sollte in dieser Phase auch schon ein Termin für den abschließenden MAK-Workshop fixiert werden, da an diesem möglichst alle Personen aus dem Leitungsteam der Kulturinstitution teilnehmen sollten.

4.3 Datenerhebung und Informationsquellen

4.3.1 Überblick

Vor der Datenerhebungsphase gilt es, die zu verwendenden Informationsquellen und empirischen Methoden zu diskutieren und festzulegen. Im Kern geht es darum, den Aufwand und den Einsatz der quantitativen und qualitativen Methoden zu planen und sinnvoll einzusetzen. Diese Festlegung ist aber nicht als statisch fixiert zu betrachten. Je nach Bedarf kann die Methodenwahl oder die Informationsquelle dem Untersuchungsverlauf angepasst und variiert werden.

Um einen ganzheitlichen Blick auf und in die Kulturinstitution hinein gewinnen zu können, hat sich der in Tabelle 10 dargestellte Methodenmix bewährt. Dieser enthält verschiedene empirische Methoden der Sekundär- und Primärforschung, wobei sowohl qualitative als auch quantitative Ansätze zum Einsatz gelangen. Die wichtigsten Datenquellen und Datenerhebungsmethoden des MAKs werden anschließend skizziert.

Tabelle 10: Überblick der Datenerhebungsmethoden des MAKs

	quantitativ	qualitativ
Sekundär-forschung	▪ bestehende Mitarbeiterbefragung ▪ bestehende Besucher-/Nichtbesucherbefragungen ▪ Social-Media-Monitoring-Tools	▪ bestehende qualitative Besucherstudien
Primär-forschung	▪ Besucher-/Nichtbesucherbefragung ▪ Mitarbeiterbefragung ▪ Online-Branding-Test	▪ Leitfadeninterviews (Leitungsebene, Marketing, Personal, Dienstleister etc.) ▪ Beobachtung durch das Auditteam ▪ Inhaltsanalyse (z. B. Gästebuch, Marketingmaterialien)

4.3.2 Sekundär- und Primärforschung

(1) Sekundärforschung

In einem ersten Schritt der Datenerhebung erfolgt die Sekundärforschung, die auf bereits vorhandenen Daten aufbaut (Berekoven/Eckert/Ellenrieder 2009, S. 43).

Die Bandbreite an Sekundärforschung im Rahmen des MAKs ist groß und von Kulturinstitution zu Kulturinstitution unterschiedlich. Dabei werden interne wie externe Sekundärdaten herangezogen. Typische Quellen der Sekundärforschung für das MAK fasst Tabelle 11 zusammen.

Tabelle 11: Sekundärquellen des MAKs

interne Sekundärdaten	externe Sekundärdaten
▪ Besucherstatistiken ▪ Corporate Design Guidelines ▪ eigene Publikationen ▪ Homepage ▪ Marketingmaterialien (Plakate, Flyer, Videos etc.) ▪ Marketingreporte und Briefings ▪ vorhandene Besucher-/ Nichtbesucherbefragungen ▪ vorhandene Mitarbeiterbefragungen ▪ Wirtschaftsberichte, Jahresberichte	▪ Besucher- und Nichtbesucherbefragungen ▪ Presseberichte ▪ Reiseführer ▪ Social Media ▪ Tourismusberichte

Der Vorteil der Sekundärforschung liegt in ihrer schnellen, weniger aufwendigen und kostensparenden Beschaffungsmöglichkeit. Allerdings hat sich in der praktischen Durchführung immer wieder gezeigt, dass entweder die verfügbaren Daten veraltet bzw. für das MAK nicht passend waren oder gar nicht vorhanden sind. Daher ist es neben der Absicherung der Sekundärforschung fast immer unabdingbar, im Rahmen eines MAKs auch umfangreiche Primärforschung zu betreiben. Der Einsatz und die Ressourcen der Primärforschung (Zeit, Budget, Organisation) sind möglichst schon in der Vorbereitungsphase eines MAKs entsprechend zu planen.

(2) Primärforschung

Für eine ausgewogene ganzheitliche Beurteilung des MAKs ist es in den meisten Fällen notwendig, neben der Erforschung von Sekundärdaten, auch Primärdaten zu generieren. Dies liegt daran, dass zum einen die Kulturinstitutionen häufig keine, veraltete oder nur bruchstückhafte Daten zur Verfügung haben. Zum anderen sind vorhandene Sekundärdaten für eine andere Problemstellung erhoben worden, wodurch diese i. d. R. keinen expliziten Markenbezug aufweisen. Weiterhin passen sie häufig nicht zu den Indikatoren des MAKs. Schließlich helfen die Primärdaten dabei, die Sekundärdaten zu interpretieren und im Sinne einer **Methodentriangulation** die Validität der Beurteilungen durch eine zweite Quelle zu erhöhen. Zur Erhebung von Primärdaten gelangen sowohl quantitative als auch qualitative Methoden zum Einsatz. Nachfolgend werden sechs wichtige Methoden der Datenerhebung skizziert, wobei häufig auch Sekundärdaten auf diesen Methoden basieren.

4.3.3 Ausgewählte Datenerhebungsmethoden

(1) Befragung mittels Leitfadeninterviews

Ein Teil der Primärinformationen des MAKs wird durch Leitfadeninterviews gewonnen. Hierdurch können vor allem die Dimensionen des Faktors Potentialfaktoren beurteilt werden, da dazu Informationen über interne Prozesse, Strukturen und Einstellungen der Beteiligten notwendig sind. Für diese Befragungen sind Interviewteilnehmer auszusuchen, die für die Beurteilung des MAKs repräsentativ sind, d. h. die Einfluss auf die Markenführung der Kulturinstitution ausüben. Hierzu zählen regelmäßig die Leitungsebene der Kulturinstitution, Marketing- und Kommunikationsleitung, Personalleitung und externe Dienstleister. Weitere Zielgruppen sind in Abhängigkeit von der Besonderheiten der Kulturinstitution möglich.

Die Leitfäden dienen zur Strukturierung der Interviews und müssen an die Besonderheiten der Kulturinstitution und der Gesprächspartner angepasst werden. Mit den Interviewleitfäden wird der Anspruch verfolgt, die Befragung unter kontrollierten und systematischen Bedingungen ablaufen zu lassen. Ihre Anwendung garantiert die Vergleichbarkeit der Antworten innerhalb einer Kulturinstitution und zwischen verschiedenen Kulturinstitutionen. Darüber hinaus gewährleisten sie die Vergleichbarkeit mit nachfolgenden MAKs einer Kultureinrichtung. Die Interviewleitfäden und die darauf aufbauenden Interviews stehen jedoch auch für den flexiblen Charakter des qualitativen Forschungsansatzes (Jäger/Reinecke 2009, S. 40 ff.). Der Gesprächsverlauf wird strukturiert und erfolgt zielgerichtet. Die Vorgehensweise kann und sollte aber während der Befragung adaptiv gestaltet werden. Abweichungen in Bezug auf Inhalte und Reihenfolge sind möglich und der Spielraum für Erklärungen und Reflektionen des Gesprächspartners kann flexibel erweitert werden (Mayer 2012, S. 37 ff.; Meuser/Nagel 1991, S. 449; Schnell/Hill/Esser 2011, S. 378 ff.). Durch die gemeinsame Kommunikation, Reflexion und Wissensgenerierung erhalten die Interviewteilnehmer die Gelegenheit, ihre persönliche Sichtweise zu äußern und weiterführende Zusammenhänge darzustellen (Schnell/Hill/Esser 2011, S. 379). Durch die Befragung wird versucht, die spezifischen Denk- und Handlungsweisen der Interviewteilnehmer hinsichtlich der Markenorientierung und Markenführung erklärbar zu machen.

Von hohem Interesse sind die spezifischen Erfahrungen, die sich der jeweilige Interviewteilnehmer im organisatorischen oder institutionellen Handlungsfeld der Kulturinstitution oder im Umfeld angeeignet hat.

(2) Besucher- und Nichtbesucherbefragungen

Zusätzlich zu den halbstandardisierten Leitfadeninterviews werden zur Datensammlung standardisierte Besucher- und Nichtbesucherbefragungen eingesetzt (Butzer-Strothmann/Günter/Degen 2001). Dabei ist im Rahmen des MAKs häufig die Durchführung von Besucher- und Nichtbesucherbefragungen notwendig. In manchen Fällen kann auf bestehende Besucher- und Nichtbesucherbefragungen oder auch auf externe Sammelbefragungen (z. B. KULMON in Berlin), die sich mit mehreren Einrichtungen befassen, zurückgegriffen werden (Mandel 2011; Target Group 2012; Tauchnitz 2004). Die Ergebnisse aus den Besucherbefragungen und Nichtbesucherbefragungen ermöglichen eine Beurteilung der Dimension Markenstärke Besucher der jeweiligen Kulturinstitution.

(3) Mitarbeiterbefragungen

Eine Sicht in die Kultureinrichtung hinein wird durch die standardisierte Mitarbeiterbefragung gegeben (Borg 2003; Zulauf 2012, S. 146 ff.). Sie liefert Informationen zur Bewertung der Dimension Markenorientierung. Mit der Mitarbeiterbefragung können die Führungs- und Organisationskultur, die interne Kommunikation und die Meinungen des Personals ergründet und in Bezug zur Markenführung gestellt werden. Auch hier empfiehlt sich der Einsatz eines standardisierten Fragebogens (Papier- oder Onlinefragebogen) (Bungard 1997; Bungard/Müller/Neithammer 2007; Domsch/Ladwig 2013; Scholz/Müller/Eichhorn 2012).

(4) Beobachtung durch das Auditteam

Eine weitere Primärquelle ist die persönliche Beobachtung durch das Auditteam. Bei der Beobachtung geht es darum, die Markenorientierung z. B. im Fall eines Museums anhand der Freundlichkeit der Servicemitarbeiter, der Architektur des Gebäudes, der Ausstellung und des Leitsystems innen wie außen, zu evaluieren. Die Beobachtung unterstützt schwerpunktmäßig die Beurteilung der Dimensionen Kern- und Zusatzleistungen, Kommunikation und Shop & Gastronomie. Die Beobachtung sollte unter natürlichen Bedingungen verdeckt und systematisch durchgeführt werden. Dazu bieten sich der Einsatz einer Checkliste, das Erstellen eines Beobachtungsprotokolls direkt nach der Feldphase sowie eine fotografische Dokumentation an.

(5) Online-Branding-Test

Zur Analyse des Brandings der Kulturinstitution in Bezug auf die Merkfähigkeit und die Positionierungsunterstützung bietet sich der Einsatz eines Online-Brandig-Tests an. Zur einfachen Durchführung steht eine Palette an Softwarelösungen für Onlinebefragungen zur Auswahl (z. B. Surveymonkey, EFS Survey). Die Online-Befragungs-Software bietet die Möglichkeit, in kurzer Zeit und mit geringen Kosten, Kriterien zur Beurteilung des Brandings bei einer größeren Testgruppe abzufragen. Es ist ratsam, eine heterogene Testgruppe auszuwählen, die nicht aus Nutzern der Kulturinstitution besteht und daher das Branding der Kulturinstitution nicht kennt.

Die Testgruppe erhält per E-Mail die Aufforderung zur Teilnahme am Online-Branding-Test mit dem Link zur Onlinebefragung (personalisierte Onlinebefragung). Dort werden nacheinander einzelne Befragungsseiten gezeigt, die Schritt für Schritt beantwortet werden sollen. Als Einstieg wird den Befragten ein speziell für den Test konstruierter Flyer gezeigt, der die für die Untersuchung relevanten Brandingelemente (Name, Logo, Architektur) beinhaltet (vgl. Abbildung 17). Der Zweck des Flyers wird zu Beginn den Teilnehmern nicht genannt. Die Testpersonen sollen sich die einzelnen Elemente des Flyers nicht bewusst einprägen können. Nach kurzer Zeit wird der Flyer automatisch ausgeblendet und ist dann für die Testpersonen nicht mehr verfügbar. So wird gewährleistet, dass die wirkliche Merkfähigkeit gemessen werden kann.

Abbildung 17: Beispiel für einen Flyer im Rahmen des Online-Branding-Tests

Anschließend werden die Testteilnehmer im Sinne einer zeitlichen Ablenkungsfrage allgemein zu ihrem Kulturinteresse befragt. Dann folgen Fragen zur Messung der Wiedererkennung der einzelnen Brandingbestandteile. Abbildung 18 zeigt einen exemplarischen Screenshot für das Brandingelement Logo am Beispiel der *Sophiensaele*. Ergänzt wird diese Abfrage mit einer Frage zu den Assoziationen zu der dargestellten Kulturinstitution. Da an dem Test Personen teilnehmen, welche die Kulturinstitution nicht kennen, basiert diese Zuordnung schwerpunktmäßig auf der Basis des dargestellten Brandings.

Datenerhebung und Informationsquellen 119

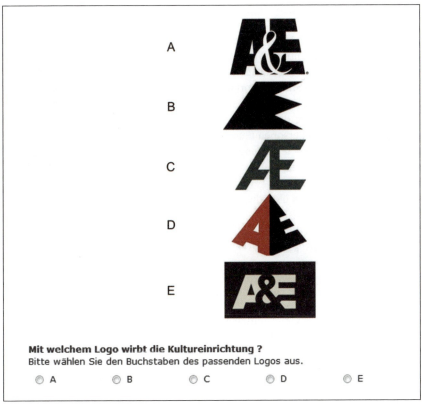

Abbildung 18: Beispiel für die Wiedererkennungsabfrage im Rahmen des Online-Branding-Tests

Ein Vorteil des Einsatzes einer Online-Befragungs-Software ist, dass erkennbar wird, welche Testpersonen den Online-Branding-Test per E-Mail erhalten haben und bis zu welchem Stadium sie den Online-Brandig-Test durchgeführt haben. So wird auch aufgezeigt, ob der Online-Branding-Test inhaltliche oder technische Mängel aufweist, welche die Testpersonen an der Beantwortung der Fragen hindern oder zum Abbruch führen. Zusätzlich können Testpersonen auch an die Teilnahme oder Wiederaufnahme des Online-Branding-Tests per E-Mail erinnert werden, wodurch die Ausschöpfungsquote gesteigert werden kann. Hilfreich ist auch, dass am Ende des Online-Branding-Tests die Daten digital vorliegen und automatisch ausgewertet werden können. Schließlich stellt eine Onlinebefragung auch eine kostengünstige und schnelle Erhebungsform dar.

(6) Social-Media-Monitoring-Tools

Die Online- und Social-Media-Aktivitäten von Kulturinstitutionen haben in den letzten Jahren zugenommen. Über digitale Kanäle wird kommuniziert und sich interaktiv mit dem Besucher ausgetauscht. Websites werden ausgebaut, Produktionstrailer auf Media-Sharing-Portalen veröffentlicht, Blogs kreiert oder Facebook-Seiten betrieben. Das Informationsverhalten der Besucher und der Vertrieb von Eintrittskarten über das Internet haben stark zugenommen. Aber auch die Besucher und weitere Personen tauschen sich zunehmend via Social Media über Kulturinstitutionen aus. Bewertungsportale nehmen einen hohen Stellenwert bei der Meinungsbildung und der Besuchsentscheidung ein (Kaul 2011; Schmid 2010; 2011, S. 411).

Um einen Überblick über die Social-Media-Aktivitäten der Kulturinstitution zu erhalten und deren Effektivität zu messen, bietet sich der Einsatz von kostenlosen Social-Media-Monitoring-Tools wie *socialmention, Google Blogs* und *Google Analytics, topsy, sociallyser, bottlenose* an (o. V. 2013).

4.4 Operationalisierung, Skalen und Beurteilung

Auf der Grundlage des vorgestellten MAK-Markenmodells (vgl. Kap. 3) mit den 15 Dimensionen und 83 Indikatoren wurde für jeden Indikator eine Skala zur Beurteilung entwickelt. Diese Operationalisierung basiert auf der Kombination einer 5er-Skala (100 % = positiv, 0 % = negativ) und Ankerbeispielen für jede Skalenausprägung. Ergänzt wird dieser Messansatz durch zusätzliche Spalten. Diese zusätzlichen Spalten enthalten die potentiellen Informationsquellen zur Beurteilung des Indikators, die tatsächlich verwandten Quellen sowie die Begründung für die jeweilige Beurteilung. Tabelle 12 zeigt exemplarisch den Messansatz für einen Indikator.

Operationalisierung, Skalen und Beurteilung 121

Tabelle 12: MAK-Beurteilungsbogen (Auszug)

	Kulturinstitution	100 % (positiv)	75 %	50 %	25 %	0 % (negativ)	Quellen & Begründung
...							
Dimension 3: Markenstrategie							
Stärkung der Dachmarke	... bietet alle Angebote mit einem starken Bezug zur Dachmarke an.	Alle Angebote und Services weisen einen deutlichen Bezug zur Dachmarke auf.	Fast alle Angebote und Services weisen einen deutlichen Bezug zur Dachmarke auf.	Temporäre Angebote (z. B. Sonderausstellung) weisen nur einen moderaten Bezug zur Dachmarke auf.	Die meisten Angebote weisen nur einen geringen Bezug zur Dachmarke auf.	Alle Angebote und Services agieren mehr oder weniger unabhängig voneinander.	
...							

Zur Beurteilung der Dimensionen sowie zur Bestimmung des finalen MAK-Index erfolgt der Einsatz eines Scoringmodells. Bevor auf das Scoringmodell des MAKs eingegangen wird, skizziert der folgende Exkurs allgemein die Methode Scoringmodell.

Exkurs: Scoringmodell

Das Scoringmodell (synonym: Nutzwertanalyse, Punktbewertungsverfahren, Rangfolge-Verfahren) stellt ein Verfahren zur Beurteilung und Integration mehrerer Kriterien dar (Schmidt 2009, S. 364 ff.). Mit dem Scoringmodell können mehrere Dimensionen eines Messobjektes abgebildet werden.

In einem ersten Schritt sind für eine Evaluationsaufgabe entsprechende Kriterien auszuwählen, wobei es sich dabei sowohl um quantitative (z. B. Kosten) als auch qualitative (z. B. Image) Kriterien handeln kann. In einem zweiten Schritt ist für jedes Kriterium eine entsprechende Skala zu konstruieren, wobei i. d. R. allen Kriterien eine Skala mit gleicher Anzahl von Skalenpunkten zugrunde gelegt wird. Beispielsweise kann eine Fünfer-Skala (1: positiv, 5 = negativ) zum Einsatz gelangen, wobei für jedes Kriterium eine Zuordnung von konkreten Ausprägungen des Kriteriums festzulegen ist (z. B. Kosten: 0-100 € =1; über 5.000= 5). Anschließend ist über die Wichtigkeit der Kriterien zu entscheiden. Dies kann durch individuelle Diskussionen, empirische Vorgehensweisen (z. B. Regressionskoeffizienten innerhalb einer Regressionsanalyse) oder durch Expertenurteile erfolgen. In einem dritten Schritt sind dann das oder die Objekte entsprechend den Skalen zu bewerten. In einem letzten Schritt erfolgt durch die Integration der Beurteilung der einzelnen Kriterien sowie deren Gewichtung die Berechnung des Gesamtscores nach folgender Formel:

Gesamtscore = $\sum w_i \times b_i$

mit: *w: Wichtigkeit* *b: Beurteilung* *i: Kriterium i*

Ergänzt werden kann das Scoringmodell durch eine Sensitivitätsanalyse, die überprüft, ob das ermittelte Ergebnis (z. B. Vergleich von zwei Alternativen) auch dann noch zutrifft, wenn einzelne Bausteine (z. B. Gewichtungen) leicht modifiziert werden. Abbildung 19 fasst den Prozess des Scoringmodells grafisch zusammen.

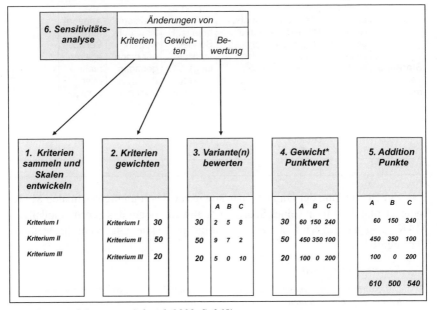

(Quelle: in Anlehnung an Schmidt 2009, S. 365)

Abbildung 19: Schematischer Ablauf eines Scoringmodells

Der Vorteil des Scoringmodells ist, dass eine unbegrenzte Anzahl an heterogenen Kriterien untersucht werden kann. So können neben quantitativen auch qualitative Kriterien in die Beurteilung einfließen. Daneben ist das Scoringmodell flexibel und kann für unterschiedliche Beurteilungsobjekte verwendet werden. Diesen Vorteilen steht der Hauptnachteil der Subjektivität gegenüber, wobei sich die Subjektivität auf die Auswahl der Beurteilungskriterien, die Skalenkonstruktion, die Gewichtung sowie die Beurteilung i.e.S. bezieht. Daher sind bei der Verwendung des Scoringmodells neben einer hohen Sorgfalt und einer Transparenz des Verfahrens, Maßnahmen zur Qualitätsüberprüfung zu ergreifen.

Im Rahmen des MAKs wird ein mehrstufiges Scoringmodell mit Gewichtungsfaktoren eingesetzt. Die einzelnen Indikatoren pro Dimension sind ungewichtet, d. h. alle Indikatoren sind für die Beurteilung der jeweiligen Dimension gleich wichtig. Die Dimensionen hingegen sind gewichtet. Die **Gewichtung** basiert dabei auf einer **Experteneinschätzung**. Im Vorfeld des ersten MAKs wurden 18 Experten aus der Kulturpraxis und Kulturmanagementwissenschaft gebeten, die Wichtigkeit der einzelnen Dimensionen des MAK-Markenmodells zu beurteilen. Der Durchschnitt dieser Experteneinschätzungen dient als standardisierte Gewichtung für alle durchgeführten MAKs. Eine Alternative wäre, dass im Vorfeld eines konkreten MAKs mit Vertretern der jeweiligen Kulturinstitution die Wichtigkeit der einzelnen Dimensionen diskutiert und festgelegt wird. Abbildung 20 fasst das Scoringmodell des MAKs grafisch zusammen.

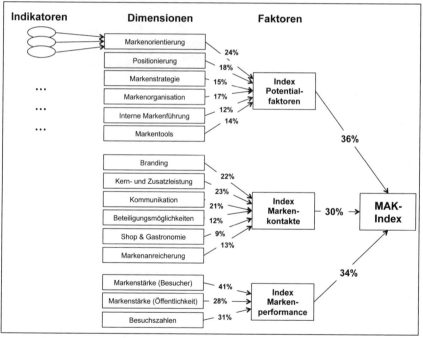

Abbildung 20: MAK-Scoringmodell

4.5 Ergebnisermittlung und -kommunikation

4.5.1 Ergebnisdarstellung

Die Ergebnisse der einzelnen Dimensionen des MAKs werden plakativ mit Hilfe eines Kuchendiagramms sowie einer „Ampelmetapher" visualisiert (vgl. Abbildung 21).

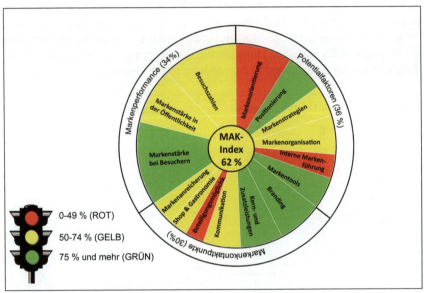

Abbildung 21: Visualisierung des MAK-Ergebnisses

Die MAK-Ergebnisdarstellung berücksichtigt in einer Abbildung alle Dimensionen der Markenorientierung der Kulturinstitutionen. Die Größe der „Kuchenstücke" repräsentiert die unterschiedliche Gewichtung der Dimensionen. Beispielsweise ist aus Sicht der befragten Experten die Dimension Markenstärke bei Besuchern deutlich wichtiger als die Beteiligungsmöglichkeiten oder der Shop & Gastronomie. Anhand der ampelüblichen Farben rot, gelb, grün wird die Qualitätsbeurteilung der aktuellen Markenorientierung der Kulturinstitution sichtbar gemacht. Der erreichte Prozentsatz ist ausschlaggebend für die farbliche Darstellung der Dimension und des MAK-Index in der Ampel. Die Farbe Grün erhält die Dimension, wenn sie einen Gesamtwert erreicht, der höher als 75 % ausfällt. Grün steht für eine exzellente Markenorientierung in der jeweiligen Dimension. Die Farbe Gelb erhält die Dimension, wenn sie einen Gesamtwert von 50-74 % erhält. Die Farbe Gelb steht für eine positive Markenorientierung, die jedoch Verbesserungspotentiale aufweist. Die Farbe Rot wird der Dimension bei einem Gesamtwert von unter 50 % gegeben. Durch die Signalfarbe werden erhebliche Schwachstellen der jeweiligen Dimension markiert, die es zu beheben gilt.

4.5.2 Ergebnisworkshop und Nachhaltigkeit

Abschließend werden die Ergebnisse des MAKs in Form einer Präsentation und eines Auswertungsberichts der Kulturinstitution verständlich vorgestellt und prägnant aufbereitet. Positive wie negative Ergebnisse werden vom Auditteam im Rahmen eines Workshops den Mitarbeitern der Kulturinstitution vorgestellt. Ziel des Workshops ist die offene Diskussion der Dimensionen des MAKs mit Verbesserungspotentialen. Die Kulturinstitution soll selbst befähigt werden, in den rot oder gelb markierten Dimensionen eigenständig Verbesserungen zu entwickeln und umzusetzen.

Um Anregungen für eine verbesserte Markenorientierung zu erhalten, werden für die Dimensionen mit Verbesserungspotential vom Auditteam auch Ideen und Beispiele entwickelt, die nicht als konkrete Empfehlungen, sondern als Impulse für die Diskussion innerhalb der Kulturinstitution dienen. Hilfreich ist es, wenn die Kulturinstitution möglichst konkrete Maßnahmen zur Verbesserung der einzelnen Dimensionen ableitet und verbindlich festlegt. Hierbei sollte auch genau festgelegt werden, welcher Mitarbeiter bis zu welchem Zeitpunkt für die Umsetzung der jeweiligen Optimierungsmaßnahme zuständig ist. Die eingeleiteten Maßnahmen sind dann in Bezug auf Umsetzung und Erfolg kontinuierlich zu überprüfen.

Es ist zu empfehlen, das MAK regelmäßig (alle 2-3 Jahre) durchzuführen, so dass sich Durchführungsstandards etablieren können und dadurch die interne Vergleichbarkeit zur Evaluierung von Maßnahmen und Fortschritten hergestellt werden kann. Sind die Zeiträume zu groß, fängt die Kultureinrichtung mit dem Durchführung des MAKs immer wieder von vorne an, zumal die Personalfluktuation im Kulturbereich hoch ist und das Wissen an entscheidenden Stellen verloren geht.

5 Validierung und Erweiterung des MAKs

5.1 Validierung und Qualitätssicherung

MAK ist ein Auditverfahren, welches auf der Integration und Interpretation von verschiedenen quantitativen und qualitativen Informationen mit Hilfe eines Scoringmodells basiert. Daher ist die methodische Qualität des Verfahrens im Gegensatz zu einzelnen Kennzahlen oder quantitativen Studien wie einer standardisierten Besucherbefragung kritischer und schwerer zu beurteilen.

5.1.1 Allgemeine Prinzipien zur Durchführung von Audits

Unabhängig vom konkreten Evaluationsobjekt diskutieren Normen und die allgemeine Literatur zu Qualitätsaudits Grundsätze zur Durchführung von Audits und die Auswahl von Auditoren (ISO 19011; Gietl/Lobinger 2012, S. 36 ff.; 2013, S. 611). Die Berücksichtigung solcher Prinzipien erhöht grundsätzlich die Qualität des Audits. Auch bei der Konstruktion des MAKs sowie deren Umsetzung wurde soweit möglich versucht, diese Prinzipien zu berücksichtigen. Tabelle 32 fasst die allgemeinen Anforderungen und die Umsetzung im MAK zusammen.

Tabelle 13: Umsetzung von allgemeinen Auditprinzipien im MAK

Prinzip	Erläuterung	Umsetzung in MAK
Wissensnutzung	Ein Audit sollte möglichst das gesamte Wissen zu dem Auditgegenstand berücksichtigen.	Multi-Method-Ansatz für jeden einzelnen Indikator, wodurch jeder Indikator umfassend und aus unterschiedlichen Perspektiven beurteilt wird.
Objektivität	Das Auditteam soll neutral sein.	Das jeweilige Auditteam hatte keine persönlichen oder beruflichen Verbindungen zu der jeweiligen Kulturinstitution.

Prinzip	Erläuterung	Umsetzung in MAK
Transparenz	Beurteilungen und Ergebnisse sollten intersubjektiv, d. h. für Dritte, nachprüfbar sein.	Die Bewertungen der einzelnen Indikatoren wurden fixiert, die verwendeten Quellen aufgeführt und die Bewertungen schriftlich begründet.
Repräsentanz	Ein Audit sollte nicht Meinungen von einzelnen Personen oder Abteilungen überbetonen.	Bei der Datenerhebung und Interpretation wurde immer versucht, Personen aus unterschiedlichen Funktionen und Hierarchieebenen zu befragen und in der Bewertung zu berücksichtigen.
Professionelles Vorgehen	Das Auditteam sollte zu jeder Zeit des Auditprozesses professionell auftreten und agieren. Dazu zählen u. a. Systematik, Vertraulichkeit und Kompetenz.	MAK zeichnet sich trotz der Flexibilität durch das zugrundeliegende MAK-Markenmodell und den Beurteilungsbogen durch eine hohe Systematik auf. Die Ergebnisse der MAKs für die einzelnen Institutionen werden nicht veröffentlicht, sondern sind nur dem Auditteam und der Institution bekannt. Mindestens zwei Personen jedes Auditteams haben das MAK mitentwickelt, wodurch diese mit der Methodik vertraut sind. Weiterhin waren in jedem Auditteam mindestens eine Person mit einem wissenschaftlichen und praktischen Markenhintergrund und mindestens eine Person mit einem Kulturmanagementhintergrund vertreten. Dadurch lagen sowohl in Bezug auf das MAK-Modell als auch in Bezug auf Marke und Kulturmanagement entsprechende Kompetenzen vor.
Toleranz	Auditoren sollten keine eigenen Vorstellungen als Qualitätsmaßstab fordern.	Zwar basiert das MAK-Markenmodell und die entsprechenden Indikatoren auf Vorstellungen der Verfasser, aber plausible Begründungen der Kulturinstitutionen zu schlechten Ausprägungen einzelner Indikatoren wurden entsprechend berücksichtigt.

5.1.2 Expertenvalidierung

Eine erste Validierung bestand in der Durchführung einer **Expertenbefragung** bei Wissenschaftlern und Praktikern aus dem Kulturmanagementumfeld. Die Befragung wurde im Juli-August 2012 realisiert. Die Experten hatten zum einen die Aufgabe, das MAK-Markenmodell in Bezug auf Verständlichkeit und Vollständigkeit zu überprüfen. Zum anderen wurden die Experten gebeten, die Relevanz der drei Faktoren und 15 Dimensionen zu gewichten. Insgesamt nahmen an der Befragung 18 Experten (12 Praktiker, sechs Wissenschaftler) aus dem deutschsprachigen Raum statt.

Im Ergebnis wurde das MAK-Modell als schlüssig und vollständig bewertet (Expertenvalidität). In dem offenen Teil der Expertenbeurteilung wurden insbesondere folgende Aspekte angesprochen:

- Erweiterung der Markenperformance (interne Markenstärke, Markenpräsenz in der Presse, Markenstärke bei Sponsoren/Geldgebern, Markenstärke bei Kulturschaffenden/Künstlern)
- Kern- und Zusatzleistungen (Trennung, um die hohe und eigenständige Bedeutung der Kernleistung für die Marke zu betonen; Shop/Gastronomie in den Faktor Zusatzleistungen integrieren)
- „Das Ganze ist mehr als die Summe der Teile": Facetten sind stark miteinander verwoben, weshalb eine analytische Aufspaltung kritisch ist und die Gefahr der Abwägung oder Substitution (z. B. Kommunikation versus Kooperationen) fördert
- Ausdifferenzierung und Detaillierung einzelner Bausteine (z. B. Push- vs. Pullkommunikation bei dem Baustein Kommunikation, Markenevolution/ Markenbrüche bei den Potentialfaktoren)

Aufgrund der Hauptausrichtung auf den Besucher und der schon vorhandenen Komplexität wurde das ursprüngliche MAK-Markenmodell beibehalten.

5.1.3 Reliabilität und Validität der MAK-Ergebnisse

In der empirischen Forschung gibt es klassische Gütekriterien wie Reliabilität und Validität (z. B. Lamnek 1995, S. 152 ff.).

(1) Reliabilität

Die Reliabilität meint die Zuverlässigkeit und Genauigkeit der Messung (allg. Peter 1979) und wird i. d. R. über die Messung des gleichen Gegenstandes zu zwei verschiedenen Zeitpunkten (Retest-Reliabilität, z. B. Lamnek 1995, S. 174) oder durch unabhängige Bewerter (z. B. Intercoderreliabilität innerhalb der Inhaltsanalyse, z. B. Riffe/Lacy/Fico 2005, S. 141 ff.; Krippendorff 2004, S. 211 ff.) überprüft. Die Reliabilität des MAKs wurde durch die Durchführung von zwei Audits durch jeweils zwei unterschiedliche Auditteams überprüft. Beide Auditteams sammelten zusammen die Sekundär- und Primärdaten, d. h. beide Teams hatten zur Beurteilung die gleiche Informationsbasis zur Verfügung. Die anschließende Beurteilung erfolgte dann vollständig unabhängig voneinander. Tabelle 14 fasst für beide MAKs den Vergleich zwischen den beiden Teams zusammen.

Tabelle 14: MAK-Ergebnisse von zwei unabhängigen Auditteams (Reliabilität)

Abweichungen zwischen den Auditteams auf Ebene der Indikatoren	MAK 1	MAK 2
0	64%	59%
1	32%	31%
2	4%	3%
3	0%	8%

In 96 % (MAK 1) bzw. 90 % (MAK 2) aller Beurteilungen besteht zwischen den beiden Teams maximal eine Abweichung von einem Skalenpunkt. Auch ein Vergleich der MAK-Indices zwischen den Auditteams unterstreicht die hohe Reliabilität des MAKs (MAK 1: 83,61 % – 76,62 % = 6,99 %; MAK 2: 39,71 – 36,88 = 2,83 %). Insgesamt lässt sich eine hohe Reliabilität für das MAK feststellen.

(2) Validität

Die Validität einer Messung meint die Gültigkeit der Messung (allg. Peter 1981; Lamnek 1995, S. 160 f.), d. h. inwiefern auch das gemessen wird, was gemessen werden soll. Typische Verfahren sind eine Expertenvalidität (vgl. Kap. 5.1.2), ein Vergleich der Messgröße mit anderen zusammenhängenden Messgrößen (sog. Konstruktvalidität) oder die Messung des gleichen Gegenstandes mit unterschiedlichen Verfahren (sog. Konvergenzvalidität). Für die Validitätsüberprüfung des MAKs wurden die Ergebnisse von zwei MAKs mit den Ergebnissen des alternativen Verfahrens QuickCheck (vgl. Kap. 5.2.) verglichen. Tabelle 15 fasst die Ergebnisse zusammen.

Tabelle 15: Vergleich von MAK und QuickCheck (Validität)

	MAK 3	Quick Check 3	Absolute Differenz	MAK 4	Quick Check 4	Absolute Differenz
Potentialfaktoren						
Markenorientierung	89%	88%	3 %	61%	56%	5 %
Positionierung	100%	100%	0 %	45%	100%	55 %
Markenstrategie	100%	88%	12 %	75%	100%	25 %
Markenorganisation	94%	75%	19 %	50%	58%	8 %
Interne Markenführung	69%	63%	6 %	38%	25%	13 %
Markentools	71%	75%	4 %	38%	63%	25 %
Markenkontaktpunkte						
Branding	89%	92%	3 %	70%	100%	30 %
Kern- und Zusatzleistungen	88%	88%	0 %	75%	100%	25 %
Kommunikation	90%	94%	4 %	56%	94%	38 %
Beteiligungsmöglichkeiten	88%	100%	12 %	31%	50%	19 %
Shop & Restaurant	46%	50%	4 %	17%	50%	33 %
Markenanreicherung	75%	75%	0 %	80%	75%	5 %
Markenperformance						
Markenstärke (Besucher)	83%	75%	8 %	88%	88%	0 %
Markenstärke (Öffentlichkeit)	50%	75%	25 %	75%	88%	13 %
Besucheranzahl	77%	75%	2 %	50%	50%	0 %
Indices						
Index Markenpotentialfaktoren	88%	82%	6 %	52%	67%	15 %
Index Markenkontaktpunkte	82%	85%	3 %	60%	85%	25 %
Index Markenperformance	71%	75%	4 %	71%	74%	3 %
MAK-Index	80%	81%	1%	61%	75%	14 %
Durchschnittliche Abweichung			6,1 %			18,5 %

Der Vergleich zwischen MAK und QuickCheck zeigt einige Unterschiede. Insbesondere fällt erwartungsgemäß die Selbstbeurteilung via QuickCheck deutlich positiver aus. Aber insgesamt sind die Muster, sprich die Stärken und Schwächen der beiden Marken zwischen den beiden Verfahren ähnlich. Dies spricht dafür, dass beide Verfahren das Gleiche, sprich die Marke der Kulturinstitution in ihren einzelnen Dimensionen, messen, auch wenn der QuickCheck eine Verzerrung in Richtung positive Einschätzung aufweist.

5.2 QuickCheck als Erweiterung des MAKs

Da die Durchführung eines MAKs aufwendig und zeitintensiv ist, wurde von den Autoren eine gekürzte Fassung des MAKs in Form des QuickChecks konzipiert und implementiert. Mit diesem Tool können die Kulturinstitutionen anhand einer **Selbsteinschätzung** schnell, unkompliziert und anonym Ergebnisse zu ihrer Markenführung erhalten. Für den QuickCheck wurden die 83 Indikatoren des MAKs auf **38 Indikatoren** reduziert. Der QuickCheck basiert daher auf dem gleichen Markenmodell wie das MAK, reduziert aber durch die Verringerung der Indikatoren sowie durch die Selbstevaluation den Aufwand für die einzelne Kulturinstitution. Nach dem Ausfüllen des QuickChecks erhält die Kultureinrichtung eine Zusammenfassung der Ergebnisse sowie Best-Practice-Beispiele zu Dimensionen mit Verbesserungspotential.

Der QuickCheck kann und soll den umfassenden und unabhängigen MAK-Ansatz nicht ersetzen, da er zum einen die Gefahr einer Verzerrung in Richtung positive Urteile aufweist und zum anderen die Urteile nicht durch Quellen explizit belegt sind. Auch sind die Beurteilungen weniger differenziert und begründet, wodurch der Konkretisierungsgrad der Stärken und Schwächen im Vergleich zum MAK geringer ausfällt. Weiterhin liefert auch das standardisierte Feedback durch die Ergebnisse und die Best-Practice-Beispiele nur erste Impulse zur Verbesserung der Markenführung. Schließlich werden die QuickCheck-Ergebnisse intern durch die Selbstevaluation nur eine geringe Glaubwürdigkeit aufweisen. D. h. zur Begründung von Veränderungen nach innen sind die QuickCheck-Ergebnisse nur bedingt brauchbar. Allerdings ermöglicht der QuickCheck eine erste grobe Einschätzung und ein tieferes Verständnis des zugrunde liegenden Markenmodells.

Der QuickCheck (vgl. Abbildung 22) steht kostenlos in deutscher und englischer Sprache auf der Homepage des Forschungsprojektes (www.mo-kultur.de/quickcheck) interessierten Kulturinstitutionen zur Verfügung.

Abbildung 22: Screenshots des QuickChecks

6 Schlussbetrachtung

6.1 Zusammenfassung und Empfehlungen für das Kulturmanagement

Marken sind auch für Kulturinstitutionen wichtig und wertvoll, wobei eine Marke deutlich mehr als das Logo oder die Kommunikation umfasst (**holistischer Markenansatz**). Eine Markenorientierung kann der Kulturinstitution helfen, im Kampf um Aufmerksamkeit, Besucher und letztlich auch Finanzen zu überleben.

Bei der Nutzung des Markenkonzeptes im Kulturbereich ist allerdings zu beachten, dass eine einfache Übertragung der „Markenregeln" oder „Markengesetze" aus der kommerziellen Welt der Sach- und Dienstleistungen aufgrund von fundamentalen und temporären Besonderheiten des Kultursektors nur bedingt möglich und sinnvoll ist.

Im Rahmen des Buches wurde daher ein kulturspezifisches Markenmodell entwickelt, welches sich aus 15 Dimensionen zusammensetzt. Dieses Modell bildet die Marke einer Kulturinstitution wie einem Museum, einer Theaterbühne oder einem Opernhaus vollständig und umfassend ab. Dazu werden die einer Marke zugrunde liegenden Potentialfaktoren, die im Besucherkontakt direkt wahrnehmbaren Markenkontaktpunkte und die schließlich durch die Marke erzeugte Markenperformance betrachtet.

Um dieses Markenmodell für Kulturinstitutionen nutzbar zu machen, wurde mit dem MAK ein umfassender Auditansatz ausführlich vorgestellt. Dieser basiert auf einer externen Beurteilung durch ein externes Auditteam von 83 Indikatoren. Die Beurteilung basiert dabei auf der Berücksichtigung von vielfältigen Sekundär- und Primärinformationen, die anschließend mit Hilfe eines Scoringmodells zu Indices verdichtet werden. Ein abschließender Workshop des Auditteams mit der Kulturinstitution stellt die Ergebnisse dar und liefert Impulse zur Verbesserung der Markenführung.

Zur Sicherstellung und Überprüfung der Qualität des MAKs wurden diverse Maßnahmen ergriffen und im Rahmen dieses Buches vorgestellt. Der holistische Ansatz durch das zugrunde liegende Markenmodell, die explizite Entwicklung im Kulturkontext, die praktische Durchführung in mehreren, sehr heterogenen Kulturinstitutionen sowie die Validitätsprüfung machen das MAK aus Sicht der Verfasser zu dem z. Zt. leistungsfähigsten Tool zur holistischen Analyse von Kulturmarken. Allerdings sind bei der Durchführung eines MAKs einige Punkte zu beachten:

(1) Offenheit und Wandelbereitschaft der Kulturinstitution

Das MAK ist nur eine Methodik zur Beurteilung einer Kulturmarke. Die Qualität der Beurteilung durch das Auditteam hängt im entscheidenden Maße von der Offenheit der Verantwortlichen ab. Das Auditteam benötigt einen Einblick in alle verfügbaren Sekundärdaten. Weiterhin ist es notwendig, dass die im Rahmen von Leitfadeninterviews befragten Personen offen und umfassend ihre Eindrücke wiedergeben. Diese Offenheit setzt auf Seiten der Kulturinstitution eine entsprechende Grundeinstellung voraus. Weiterhin ist dies nur möglich, wenn zwischen der Kulturinstitution und dem Auditteam ein Vertrauensverhältnis in Bezug auf vertraulichen Umgang mit den gewonnen Informationen vorliegt. Weiterhin sollte das Auditteam nicht gleichzeitig Beratungsleistungen anbieten, da dann immer die Gefahr besteht, dass die Kulturinstitution (teilw. berechtigterweise) das Gefühl hat, dass das Auditteam eine zusätzliche Beratungsleistung („Folgeauftrag") verkaufen möchte.

Weiterhin basiert das MAK darauf, dass es nicht nur den Status quo der Kulturmarke evaluiert, sondern auch zu Verbesserungen anregen will. Dies ist aber nur sinnvoll, wenn die Kulturinstitution überhaupt die Bereitschaft besitzt, sich mit Themen wie Markencontrolling, Branding oder Interner Markenführung auseinanderzusetzen und die Verbesserungsimpulse auch aufgreift, diskutiert und reflektiert und dann auch entsprechende Maßnahmen ergreift.

(2) Budget zur Durchführung eines MAKs

Ein MAK basiert auf einem externen Auditteam und der Integration vielfältiger Sekundär-, aber auch Primärinformationen. Ein seriöses MAK kostet daher Geld. Daher muss die Kulturinstitution bereit sein, ein entsprechendes Budget zur Verfügung zu stellen. Neben dem finanziellen Budget ist auch noch das zeitliche Budget zu berücksichtigen. Das Auditteam muss im Datenerhebungsprozess intensiv mit verschiedenen Personen aus der Kulturinstitution zusammenarbeiten. Dafür sind entsprechende zeitliche Kapazitäten zur Verfügung zu stellen.

(3) Professionelles und unabhängiges Auditteam

Die Qualität des MAKs hängt im entscheidenden Maße von der Qualität und Unabhängigkeit des Auditteams ab. Zunächst einmal sollte ein MAK, auch wenn es aus finanzieller Perspektive verlockend ist, nie intern durchgeführt werden. Eine solche Vorgehensweise ist anfällig für Verzerrungen und ist in Bezug auf Impulse zur echten Verbesserung der Markenführung durch ein fehlendes „über den Tellerrand schauen" wenig effektiv. Daher sollte immer ein externes Auditteam mit dem MAK beauftragt werden. Bei dem externen Auditteam ist darauf zu achten, dass die Mitglieder Kompetenzen in den Feldern Kultur(management) und Markenführung aufweisen. Weiterhin sollte das Auditteam Erfahrungen mit der Durchführung des MAKs besitzen, da so insbesondere durch Vergleiche mit anderen Kulturinstitutionen auch eine zuverlässigere Beurteilung der einzelnen Indikatoren möglich ist. Darüber hinaus sollte das Auditteam auch über umfangreiche Erfahrungen und Kompetenzen im Bereich der quantitativen und qualitativen Forschung verfügen, da die methodische Qualität z. B. einer standardisierten Besucherbefragung oder eines qualitativen Leitfadeninterviews Einfluss auf die Qualität und den Aussagewert des MAKs hat. Weiterhin sollte es sich immer um ein Auditteam, d. h. um eine Mehrzahl von Personen (Minimum: 3 Personen) handeln, da zum einen sonst die Vielfalt von notwendigen Kompetenz kaum sichergestellt werden kann und zum anderen die Beurteilungen der Indikatoren durch Diskussionen im Auditteam bereits eine Reflektion und damit eine höhere Qualität als Einzelurteile erreichen.

(4) Professionalität und Transparenz des Auditprozesses

Insgesamt sollte der gesamte MAK-Prozess von der Planung über die Datensammlung und -auswertung bis hin zur Ergebnisdarstellung und -diskussion durch einen hohen Grad an Professionalität auf Seiten des Auditteams gekennzeichnet sein. Ferner sollten der MAK-Prozess und die Beurteilungen für die Kulturinstitution immer transparent sein. U. a. sollten die Begründungen für die einzelnen Beurteilungen sowie die Berechnung des Indices bei Bedarf den Kulturinstitutionen zugänglich sein.

(5) Nachhaltigkeit des MAK-Ergebnisses

Der hohe finanzielle und zeitliche Aufwand für ein MAK macht nur Sinn, wenn dieser auch zu Verbesserungen beiträgt. Daher ist auf die Nachhaltigkeit des MAKs zu achten. Maßnahmen dafür sind, neben einem intensiven und nur beschränkt auf die reinen Ergebnisse des MAKs fokussierten Workshop am Ende des MAKs, die Vereinbarung von konkreten Maßnahmen zur Stärkung der Marke. Weiterhin ist es hilfreich, wenn das Auditteam einige Monate nach dem MAK-Workshop bei der Kulturinstitution nachfragt, ob und in welcher Form die MAK-Ergebnisse intern kommuniziert und konkrete Maßnahmen vereinbart und umgesetzt wurden. Schließlich bietet es sich an, dass MAK in regelmäßigen Abständen (alle 2-3 Jahre) zu wiederholen, um zum einen die holistische Denkweise des MAK-Markenmodells zu verinnerlichen und zum anderen die Effekte von eingeleiteten Maßnahmen zu überprüfen.

6.2 Grenzen und Ausblick

Unabhängig vom bisher erreichten Entwicklungsstand lässt sich das MAK noch weiter verbessern und ausbauen. Im Folgenden werden Grenzen des MAKs und mögliche Ansätze für die weitere Forschung und zur praktischen Nutzung aufgezeigt.

(1) Methodische Qualität

Aus wissenschaftlichen Überlegungen sind insbesondere die Reliabilität und Validität der MAK-Ergebnisse weiter zu evaluieren und zu verbessern. Mit der Durchführung eines MAKs durch zwei unabhängige Auditteams und dem Vergleich eines MAKs mit dem QuickCheck wurden schon zwei Ansätze skizziert und auch in kleiner Fallzahl umgesetzt. Zukünftig sollten beide Ansätze häufiger eingesetzt werden, um die Reliabilität und Validität der Ergebnisse weiter zu steigern. Auch eine externe Überprüfung des MAK-Prozesses und der MAK-Beurteilungen durch unabhängige Institutionen oder Personen könnte zur Verbesserung der Qualität beitragen.

Weiterhin sollten zusätzliche Maßnahmen zur Abschätzung der methodischen Qualität ergriffen werden. Beispielsweise könnten die MAK-Ergebnisse zu einem bestimmten Zeitpunkt mit extern und standardisiert gemessenen Größen wie Markenstärke, Besucherentwicklung oder Subventionen verglichen werden. Dies würde insbesondere Sinn machen, wenn für eine größere Anzahl von

Grenzen und Ausblick 139

vergleichbaren Kulturinstitutionen (z. B. zehn Museen in einer Stadt mit einer ähnlichen Größe) sowohl vollständig MAK-Ergebnisse als auch entsprechende externe Größen vorliegen würden.

Zusätzlich könnte die methodische Qualität durch die Einbindung von ausgewiesenen Experten für eine bestimmte Kulturgattung (z. B. Historische Museen) oder einzelne Dimensionen (z. B. Kommunikation) in das Auditteam gesteigert werden.

(2) Ausweitung des MAK-Anwendungsfeldes

Das MAK wurde zur Evaluation der Markenorientierung von klassischen Kulturinstitutionen wie Museen, Opernhäuser, Theater oder Varietés entwickelt. Die praktische Anwendung und damit verbunden auch die vorgenommenen Verbesserungen und Validitätsprüfungen erfolgten ausschließlich für solche klassischen Institutionen. Bedingt durch das zugrundeliegende Forschungsprojekt wurden alle MAKs bisher in Berlin durchgeführt. Daher sollten zukünftig einige Erweiterungen des MAK-Anwendungsfeldes vorgenommen werden. Zunächst einmal sollten MAKs auch für Kulturinstitutionen außerhalb von Berlin realisiert werden, um zu prüfen, ob der Ansatz z. B. auch für Regionen mit einer abweichenden Wettbewerbssituation und weniger nationalen und internationalen Touristen grundsätzlich funktioniert bzw. welche Indikatoren und Skalen anzupassen sind. Weiterhin wäre wünschenswert, das MAK auch außerhalb von Deutschland einzusetzen, da sich die Kontextfaktoren der Kulturinstitutionen (z. B. Finanzierung, Besucherstruktur) in anderen Ländern (z. B. UK, USA, Emerging Markets) grundsätzlich vom deutschen System unterscheiden. Ferner wäre konzeptionell zu überlegen und praktisch zu testen, ob und wie das MAK auch für temporäre Kulturinstitutionen wie Festivals oder Kulturinstitutionen ohne eigenes Haus (z. B. bestimmte Orchester) oder für Gedenkstätten funktioniert.

Schließlich hat der Literaturüberblick in Kap. 2.3. gezeigt, dass auch jenseits des Kulturbereichs konkrete Ansätze für ein Markenaudit fast vollständig fehlen. Daher wäre es auch interessant, die gewonnen Erkenntnisse und das MAK-Modell auf ganz andere Branchen wie Dienstleistungen oder B-to-B-Marken zu adaptieren.

(3) Institutionalisierung

Wünschenswert wäre, dass das MAK von einem Forschungsprojekt in eine institutionalisierte und kommerzielle Anwendung überführt werden würde. Neben der qualitativ besseren Beurteilung durch die kumulierten Erfahrungswerte könnte eine solche Institution auch Datenbanken mit MAK-Ergebnissen aufbauen. Diese Datenbanken könnten zum einen dazu dienen, die MAK-Ergebnisse einer einzelnen Kulturinstitution durch einen Vergleich mit anderen Kulturinstitutionen besser einzuordnen und zu interpretieren. Zum anderen ist es denkbar, durch solche Datenbanken und eine zwischengeschaltete Institution ein Benchmarking zwischen Kulturinstitutionen zu fördern. Allerdings hängt eine solche Institutionalisierung von der mindestens mittelfristigen Finanzierbarkeit ab, da eine Finanzierung vollständig aus MAK-Projekten aufgrund der überwiegend beschränkten Marketingbudgets vieler Kulturinstitutionen wenig wahrscheinlich ist.

(4) MAK als didaktisches Hilfsmittel

Das Thema Markenführung fristet in der deutschsprachigen Ausbildung an Hochschulen im Kulturmanagement und in der Weiterbildung im Kulturbereich bislang nur ein Schattendasein. Wie aber die Argumente und Studienergebnisse in Kap. 1.3 zeigten, bildet die Marke einen zentralen Ansatz, um Kulturinstitutionen erfolgreich zu führen und das zukünftige Überleben sicherzustellen. Daher wäre es durchaus empfehlenswert, aufbauend auf dem MAK-Markenmodell ein entsprechendes Curriculum für die Hochschullehre und für die Weiterbildung im Kultursektor zu entwickeln. Weiterhin eignet sich die Idee eines Markenaudits und konkret die Durchführung eines MAKs als Themenstellung für studentische Projekte, da dadurch zum einen das MAK-Markenmodell und deren Inhalte gelernt und verstanden werden und zum anderen die praktische Durchführung das Gelernte mit der Realität verbindet (Transferwissen) (ähnlich Madden 2007).

Literaturverzeichnis

Aaker, D. A. (1991): Managing Brand Equity, New York.

Anne Frank Haus (2013): Homepage, www. annefrank.org, letzter Abruf: 14.8.2013.

Axel Springer; Bauer Media Group (Hrsg.) (2010): VerbraucherAnalyse 2010, Hamburg.

Bahr, J.; Biesold, M.; Engelhardt, M.; Fischer, C.; Froese, J.; Metschurat, S.; Riegger, P.; Winkler, T. (2013): Markenstärke und (Nicht-)Besuchsgründe von Berliner Museen, Projektbericht im Rahmen der Lehrveranstaltung „Marktforschung" (Prof. Dr. Carsten Baumgarth) im WS 2012/2013, Berlin.

Bänsch, A. (1995): Variety Seeking, in: *Jahrbuch der Absatz- und Verbrauchsforschung*, 41. Jg., H. 4, S. 177-182.

Baumgarth, C. (2008a): Markenpolitik, 3. Aufl., Wiesbaden.

Baumgarth, C. (2008b): Möglichkeiten und Grenzen der Kontrolle einer Integrierten Markenkommunikation, in: Handbuch Markenkommunikation, Hrsg.: Hermanns, A.; Ringle, T.; van Overloop, P. C., München, S. 351-365.

Baumgarth, C. (2009): Brand Orientation of Museums, in: *International Journal of Arts Management*, Vol. 11, No. 3, pp. 30-45.

Baumgarth, C. (2011): Markenaudit für Kulturinstitutionen, in: Kulturbranding III, Hrsg.: Höhne, S.; Bünsch, N.; Ziegler, R. P., Leipzig, S. 161-177.

Baumgarth, C.; Binckebanck, L. (2012): Echte CSR-Marken als Erfolgskonzept, in: Corporate Reputation Management, Hrsg.: Wüst, C.; Kreutzer, R. T., Wiesbaden, S. 341-356.

Baumgarth, C.; Douven, S. (2010): B-to-B-Markencontrolling, in: B-to-B-Markenführung, Hrsg.: Baumgarth, C., Wiesbaden, S. 635-660.

Baumgarth, C.; Freund, K. (2009): Markenführung von Museen, in: Kulturbranding II, Hrsg.: Höhne, S.; Ziegler, R. P., Leipzig, S. 57-71.

Baumgarth, C.; Kaluza, M. (2012): Erfolgsfaktoren von Brand Communities im Kultursektor, in: Jahrbuch für Kulturmanagement 2012, Hrsg.: Bekmeier-Feuerhahn, S.; van den Berg, K.; Höhne, S.; Keller, R.; Mandel, B.; Tröndle, M.; Zembylas, T., Bielefeld, S. 309-339.

Baumgarth, C.; Kolomoyschenko, N. (2012): Shakespeare hits J. K. Rowling – brand equity of people brands in the art sector, in: Proceedings 11th International Colloquium on Nonprofit, Arts, Heritage and Social Marketing.

Baumgarth, C.; Merrilees, B.; Urde, M. (2011): Kunden- oder Markenorientierung, in: *Marketing Review St. Gallen*, 28. Jg., H. 1, S. 8-13.

Baumgarth, C.; Merrilees, B.; Urde, M. (2013): Brand Orientation, in: *Journal of Marketing Management*, (im Druck).

Baumgarth, C.; Schmidt, M. (2010): How strong is the business-to-business brand in the workforce?, in: *Industrial Marketing Management*, Vol. 39, No. 5, pp. 1250-1260.

Baumgarth, C.; Schmidt, M. (2008): Persönliche Kommunikation und Marke, in: Handbuch Markenkommunikation, Hrsg.: Hermanns, A.; Ringle, T.; Overloop, P. C. v., München, S. 247-263.

Bekmeier-Feuerhahn, S. (2009): Museen als Marke, in: Kulturbranding II, Hrsg.: Höhne, S.; Ziegler, R. P., Leipzig, S. 73-100.

Bekmeier-Feuerhahn, S.; Sikkenga, J. (2008): Museen auf dem Weg zur Marke, in: Impulse für die Markenforschung und Markenführung, Hrsg.: Baumgarth, C.; Kelemci Schneider, G.; Ceritoglu, B., Wiesbaden, S. 163-186.

Bekmeier-Feuerhahn, S.; Trommershausen, A. (2006): Kulturbranding, in: Werbe- und Markenforschung, Hrsg.: Strebinger, A.; Mayerhofer, W.; Kurz, H., Wiesbaden, S. 213-244.

Berekoven, L. (1978): Zum Verständnis und Selbstverständnis des Markenwesens, in: Markenartikel heute, o. Hrsg., Wiesbaden, S. 33-48.

Berekoven, L.; Eckert, W.; Ellenrieder, P. (2009): Marktforschung, 12. Aufl., Wiesbaden.

Berlin (2012): Zahl der Besuche in den Berliner Museen und Gedenkstätten in 2011 deutlich gestiegen, www.berlin.de/sen/kultur/presse/archiv/20121207.1150.379225. html, letzter Abruf: 30.5.2013.

Berry, L. L.; Conant, J. S.; Parasuraman, A. (1991): A Framework for Conducting a Services Marketing Audit, in: *Journal of the Academy of Marketing Science*, Vol. 19, No. 3, pp. 255-268.

Beverland M. B.; Farrelly F. J. (2010) The quest for authenticity in consumption, in: *Journal of Consumer Research*, Vol. 36, No. 5, pp. 838-856.

Beverland, M. B. (2009): Building Brand Authenticity, London.

Birnkraut, G. (2011): Evaluationen im Kulturbetrieb, Wiesbaden.

Birnkraut, G. (2012): Die Beziehung von Ehrenamtsmanagement und Personalmanagement, in: Erfolgsfaktor Mitarbeiter, Hrsg.: Hausmann, A; Murzik, L., Wiesbaden, S. 197-212.

Böhmer (2006): Outsourcing und die Grenzen, in: Museum und Personal, Hrsg.: Dreyer, M.; Wiese, R., Kiekeberg, S. 149-158.

Borg, I. (2003): Führungsinstrument Mitarbeiterbefragung, 3. Aufl., Göttingen et al.

Bradshaw, A.; Kerrigan, F.; Holbrook, M. B. (2010): Challenging Conventions in Arts Marketing, in: Marketing the Arts, Eds.: O'Reilly, D.; Kerrigan, F., Abingdon, pp. 5-17.

Bruhn, M. (1995): Die Rolle der Nicht-Klassiker in der integrierten Kommunikation, in: Die Nicht-Klassiker der Unternehmenskommunikation, Hrsg.: Tomczak, T.; Müller, F.; Müller, R., St. Gallen, S. 28-48.

Bruhn, M. (2008): Planungsprozess einer Integrierten Markenkommunikation, in: Handbuch Markenkommunikation, Hrsg.: Hermanns, A.; Ringle, T.; van Overloop, P. C., München, S. 93-109.

Bruhn, M. (2012): Marketing für Nonprofit-Organisationen, 2. Aufl., Stuttgart.

Bruhn, M. (2011): Unternehmens- und Marketingkommunikation, 2. Aufl., München.

Bruhn, M.; Meffert, H. (2012): Handbuch Dienstleistungsmarketing, Wiesbaden.

Bungard, W.; Jöns, I. (Hrsg.) (1997): Mitarbeiterbefragung, Weinheim.

Bungard, W.; Müller, K.; Niethammer, C. (2007): Mitarbeiterbefragung, Weinheim.

Burmann, C.; Halaszovich, T.; Hemmann, F. (2012): Identitätsbasierte Markenführung, Wiesbaden.

Burmann, C.; Maloney, P. (2008): Innengerichtete, identitätsbasierte Führung von Dienstleistungsmarken, in: Dienstleistungsmarken, Hrsg.: Bruhn, M.; Stauss, B., Wiesbaden, S. 191-212.

Butzer-Strothmann, K.; Günter, B.; Degen, H. (2001): Leitfaden zur Durchführung von Besucheranalysen für Theater und Orchester, Baden-Baden.

C/O (2013): Homepage, http://www.co-berlin.info/de/, letzter Abruf: 14.8.2013.

Camarero, C.; Garrido, M. J. (2008): The Influence of Market and Product Orientation on Museums Performance, in: *International Journal of Arts Management*, Vol. 10, No. 2, pp. 14-26.

Camarero, C.; Garrido, M. J.; Vicente, E. (2010): Components of art exhibition brand equity for internal and external visitors, in: *Tourism Management*, Vol. 31, No. 4, pp. 495-504.

Capsule (2010): Logos, München.

Christoulides, D.; de Chernatony, L. (2010): Consumer-based brand equity conceptualisation and measurement, in: *International Journal of Market Research*, Vol. 52, No. 1, pp. 43-66.

Clement, M.; Völckner, F.; Granström, N.; van Dyk, T. (2008): Messung der Markenstärke von Künstlermarken, in: *Marketing ZFP*, 30. Jg., H. 2, S. 93-108.

Davidson, J. E. (2005): Evaluation Methodology Basics, Thousand Oaks.

DDR-Museum (2013): Homepage, www.ddr-museum.de, letzter Abruf: 14.8.2013.

DDR-Restaurant (2013): Homepage, www.ddr-restaurant.de, letzter Abruf: 14.8.2013.

de Cheranatony, L.; McDonald, M.; Wallace, E. (2011): Creating Powerful Brands, 4. ed., Oxford.

de Chernatony, L.; Riley, F. D. (1998): Defining a „Brand", in: *Journal of Marketing Management*, Vol. 14, No. 4, pp. 417-443.

Deitmer, H. L. (2012): Die Beziehung von Unternehmenskultur und Unternehmensmarke, Wiesbaden.

Deutscher Bühnenverein (2010): Theaterstatistik 2009/2010, Köln.

Deutscher Museumsbund/ICOM (Hrsg.) (2006): Standards für Museen, Kassel, Berlin.

Deutsches Hygiene Museum (2013): Homepage, http://www.dhmd.de/, letzter Abruf: 14.8.2013.

Domsch, M.; Ladwig, D. (2013): Handbuch Mitarbeiterbefragung, 3. Aufl., Berlin.

Dreyer, M.; Wiese, R. (Hrsg.) (2002): Mit gestärkter Identität zum Erfolg, Ehestorf.

Esch, F.-R. (2005): Aufbau starker Marken durch integrierte Kommunikation, in: Moderne Markenführung, Hrsg.: Esch, F.-R., 4. Aufl., Wiesbaden, S. 707-745.

Esch, F.-R. (2011): Wirkung integrierter Kommunikation, 5. Aufl., Wiesbaden.

Esch, F.-R. (2012): Strategie und Technik der Markenführung, 7. Auflage, München.

Esch, F.-R.; Fischer, A.; Hartmann, K. (2008): Abstrakte Markenwerte in konkretes Verhalten übersetzen, in: Behavioral Branding, Hrsg.: Tomczak, T.; Esch, F.-R.; Kernstock, J.; Herrmann, A., Wiesbaden, S. 163-180.

Esch, F.-R.; Fischer, A.; Strödter, K. (2008): Interne Kommunikation zum Aufbau von Markenwissen bei den Mitarbeitern, in: Behavioral Branding, Hrsg.: Tomczak, T.; Esch, F.-R.; Kernstock, J.; Herrmann, A., Wiesbaden, S. 101-120.

Esch, F.-R.; Hartmann, K.; Gawlowski, D. (2010): Interne Markenführung zum Aufbau von Mitarbeiter-Markenbeziehungen, in: Management von Kundenbeziehungen, Hrsg.: Georgi, D.; Hadwich, K., Wiesbaden, S. 485-505.

Esch, F.-R.; Vallaster, C. (2005): Mitarbeiter zu Markenbotschaftern machen, in: Moderne Markenführung, Hrsg.: Esch, F.-R., 4. Aufl., Wiesbaden, S. 1009-1020.

Evans, J.; Bridson, K. (2013): Branding The Public Art Museum Sector, Melbourne.

Fillis, I. (2010): The Tension between Artistic and Market Orientation in Visual Art, in: Marketing the Arts, Eds.: O'Reily, D.; Kerrigan, F., London, New York, pp. 31-39.

Föhl, P. S. (2011): Das Kulturpublikum, in: Kompendium Kulturmarketing, Hrsg.: Klein, A., München, S. 23-48.

Franck, G. (1998): Ökonomie der Aufmerksamkeit, München, Wien.

Freeman, R. E. (1984): Strategic Management, Boston.

Freunde der Kunsthalle (2013): Homepage, www.freunde-der-kunsthalle.de, letzter Abruf: 14.8.2013.

Gainer, B.; Padanyi, P. (2002): Applying the Marketing Concept to Cultural Organisations, in: *International Journal of Nonprofit and Voluntary Sector Marketing*, Vol. 7, No. 2, pp. 182-193.

Gashi, V. (2013) (Hrsg.): Smart Art Marketing, Bad Honnef.

Gietl, G.; Lobinger, W. (2012): Leitfaden für Qualitätsauditoren, München.

Gietl, G.; Lobinger, W. (2013): Qualitätsaudit, in: Handbuch QM-Methoden, Hrsg.: Kaminske, G. F., München, S. 603-634.

Gilmore, J. H.; Pine II, J. B. (2007): Authenticity, Boston.

Glogner-Pilz, P. (2011): Empirische Methoden der Besucherforschung, in: Kompendium Kulturmanagement, Hrsg.: Klein, A., 3. Aufl., München, S. 599-622.

Großklaus, R. H. G. (2006): Positionierung und USP, Wiesbaden.

Grüner, A. (2006): Weiterbildung als Investition, in: Museum und Personal, Hrsg.: Dreyer, M.; Wiese, R., Kiekeberg, S. 81-96.

Haedrich, G.; Tomczak, T.; Kaetzke, P. (2003): Strategische Markenführung, 3. Aufl., Bern et al.

Hampil, A. (2010): Museumsshop als Schnittstelle von Konsum und Kultur, Hamburg.

Hausmann, A. (2005): Theater-Marketing, Stuttgart.

Hausmann, A. (2012): Mitarbeiter als (wichtigste) Ressource, in: Erfolgsfaktor Mitarbeiter, Hrsg.: Hausmann, A.; Murzik, L., Wiesbaden, S. 25-46.

Hausmann, A.; Helm, S. (Hrsg.) (2006): Kundenorientierung im Kulturbetrieb, Wiesbaden.

Hausmann, A.; Körner, J. (2009): Demografischer Wandel und Kultur, Wiesbaden.

Hellmann, K.-U. (2005): Funktionen und Folgen von Brand Communities, in: Münsteraner Diskussionsforum für Handel, Distribution, Netzwerk- und Markenforschung, Münster, S. 50-66.

Hellmann, K.-U. (2007): Kulturbranding als Kulturburning?, in: Starke Marken im Kulturbetrieb, Hrsg.: Klein, A., Baden-Baden, S. 22-37.

Henze, R. (2012): Wer passt zu mir?, in: Erfolgsfaktor Mitarbeiter, Hrsg.: Hausmann, A; Murzik, L., Wiesbaden, S. 171-184.

Hirschman, E. C.; Holbrook, M. B. (1982): Hedonic Consumption, in: *Journal of Marketing*, Vol. 46, No. 3, pp. 92-101.

Hohl, N.; Koch, A. (2013): Variety-Seeking, in: Impulse für die Markenpraxis und Markenforschung, Hrsg.: Baumgarth, C.; Boltz, M., Wiesbaden. S. 163-188.

Höhne, S. (2006): Image durch Markenbildung, in: Kulturbranding?, Hrsg.: Höhne, S.; Ziegler, R. P., Leipzig, S. 95-111.

Höhne, S.; Bünsch, N.; Ziegler, R. (Hrsg.) (2011): Kulturbranding III, Leipzig.

Höhne, S.; Ziegler, R. P. (Hrsg.) (2006): Kulturbranding?, Leipzig.

Höhne, S.; Ziegler, R. P. (Hrsg.) (2009): Kulturbranding II, Leipzig.

Homburg, C.; Richter, M. (2003): Brand Excellence, Arbeitspapier des Instituts für Marktorientierte Unternehmensführung der Universität Mannheim, Nr. M. 75, Mannheim

Hubbard, M. (2004): Markenführung von innen nach außen, Wiesbaden.

Hüttner, M.; Ahsen, A. v.; Schwarting, U. (1999): Marketing-Management, 2. Aufl., München.

Institut für Museumsforschung (2010): Statistische Gesamterhebung an den Museen der Bundesrepublik Deutschland für das Jahr 2009, Berlin.

Institut für Museumsforschung (2011): Statistische Gesamterhebung an den Museen der Bundesrepublik Deutschland für das Jahr 2010, Berlin.

Iyengar, S. S.; Lepper, M. R. (2000): When Choice is Demotivating, in: *Journal of Personality and Social Psychology*, Vol. 79, No. 6, pp. 995-1006.

Jäger, U.; Reinicke, S. (2009): Das Expertengespräch, in: Empirische Mastertechniken, Hrsg.: Baumgarth, C.; Eisend, M.; Evanschitzky, H, Wiesbaden, S. 29-76.

Janner, K.; Holst, C.; Kopp, A. (Hrsg.) (2011): Social Media im Kulturmanagement, Heidelberg et al.

Jenewein, W.; Heidbrink, M. (2008): High-Performance-Teams, Stuttgart.

Jenner, T. (2005): Funktionen und Bedeutung von Marken-Audits im Rahmen des Marken-Controllings, in: *Marketing ZFP*, 27. Jg., H. 3, S. 197-207.

John, H.; Günter, B. (2008) (Hrsg.): Das Museum als Marke, Bielefeld.

Jüdisches Museum Berlin (2013): Homepage, www.jmberlin.de/index.php, letzter Abruf: 14.8.2013.

Junge Freunde der Kunsthalle (2013): Homepage, http://www.junge-freunde.de/h/, letzter Abruf: 14.8.2013.

Jürries, A. (2008): Bedeutung und Möglichkeiten der Namensgebung für Museen, in: Das Museum als Marke, Hrsg.: John, H., Günther, B., Bielefeld, S. 69-83.

Kamiske, G. F.; Brauer, J. P. (1995): Qualitätsmanagement von A-Z, 2. Aufl., München.

Kapferer, J. N. (2012): The New Strategic Brand Management, 5. ed., London et al.

Kaul, H. (2011): Social Media im Kulturmarketing, in: Social Media im Kulturmanagement, Hrsg.: Janner; K.; Holst, C.; Kopp, A., Heidelberg, S. 406-412.

Keller, K. L. (2008): Strategic Brand Management, 3. ed., Upper Saddle River.

Keller, K. L. (1993): Conceptualizing, measuring, and managing customer-based brand equity, in: *Journal of Marketing*, Vol. 57, No. 1, pp. 1-22.

Keller, K. L. (2000): The Brand Report Card, in: *Harvard Business Review*, Vol. 78, No. 1, pp. 147-157.

Kernstock, J. (2012): Behavioral Branding als Führungsansatz, in: Behavioral Branding, Hrsg.: Tomczak, T.; Esch, F.-R.; Kernstock, J.; Herrmann, A., 3. Aufl., Wiesbaden, S. 3-33.

Kernstock, J.; Brexendorf, T. O. (2006): Corporate Brand Management gegenüber Mitarbeitern gestalten, in: Corporate Brand Management, Hrsg.: Esch, F.-R.; Tomczak, T.; Kernstock, J.; Langner, T., 2. Aufl., Wiesbaden, S. 251-271.

Keuchel, S. (2005): Das Kulturpublikum zwischen Kontinuität und Wandel, in: Jahrbuch für Kulturpolitik 2005, Hrsg.: Institut für Kulturpolitik der Kulturpolitischen Gesellschaft, Essen, S. 111-125.

Keuchel, S. (2012): Das 1. InterKulturBarometer, Köln.

Keuchel, S.; Larue, D. (2012): Das 2. Jugend-KulturBarometer, Köln.

Kiekeberg (2013): Homepage www.kiekeberg-museum.de/, letzter Abruf: 14.8.2013.

Klein, A. (2001): Kultur-Marketing, München.

Klein, A. (2008): Eine Einführung, in: Kompendium Kulturmanagement, Hrsg.: Klein, A., 3. Aufl., München, S. 1-8.

Klein, A. (2009a): Leadership im Kulturbetrieb, Wiesbaden.

Klein, A. (2009b): Gesucht: Kulturmanager, Wiesbaden.

Klein, A. (2011): Der exzellente Kulturbetrieb, 3. Aufl., Wiesbaden.

Klein, A. (Hrsg.) (2007): Starke Marken im Kulturbetrieb, Baden-Baden.

Knop, S. von (2006): Ehrenamtliche Mitarbeiter, Hrsg.: Dreyer, M.; Wiese, R., Kiekeberg, S. 141-148.

Kolb, B. M. (2005): Marketing for Cultural Organisations, 2. ed., London.

Konzerthaus (2013): Homepage, www.konzerthaus.de/, letzter Abruf: 14.8.2013.

Kotler, N. G.; Kotler, P.; Kotler, W. I. (2008): Museum Marketing & Strategy, 2. ed., San Francisco.

Kotler, P. (1977): From sales obsession to marketing effectiveness, in: *Harvard Business Review*, Vol. 55, No. 6, pp. 67-75.

Kotler, P.; Gregor, W.; Rodgers, W. (1977): The Marketing Audit comes of Age, in: *Sloan Management Review*, Vol. 18, No. 2, pp. 25-44.

Kotler, P.; Gregor, W.; Rodgers, W. (1989): Sloan Management Classical Reprint: The Marketing Audit comes of Age, in: *Sloan Management Review*, Vol. 30, No. 2, pp. 49-62.

Krämer, T. (2006): "Ist der Parsifal zu lang?", in: Kundenorientierung im Kulturbereich, Hrsg.: Hausmann, A.; Helm, S., Wiesbaden, S. 204-206.

Kreutz, B. (2003): The Art of Branding, Ostfildern-Ruit.

Krippendorff, K. (2004): Content Analysis, Thousand Oaks.

Kunsthalle Hamburg (2013): Homepage, www.hamburger-kunsthalle.de/index.php, letzter Abruf: 14.8.2013.

Lamnek, S. (1995): Qualitative Sozialforschung, Bd. 1, 3. Aufl., Weinheim.

Litke, H.; Kunow, I. (2006): Projektmanagement, 5. Aufl., München.

Littich, M.; Zimmermann, L. (2010): Erlebniskommunikation, in: *Marketing Review St. Gallen*, 25. Jg., H. 3, S. 26-31.

Madden, C. S. (2007): Marketing Audit Assignments as a Source of Nonprofit Classroom Decision Cases, in: Proceedings of the Society for Marketing Advances Annual Meeting, pp. 69-72.

Mandel, B. (2008): Kulturvermittlung als Schlüsselfunktion auf dem Weg in eine Kulturgesellschaft, in: Audience Development, Kulturmanagement, Kulturelle Bildung, Hrsg.: Mandel, B., München, S. 17-72.

Mandel, B. (2011): Audience Development, in: Kompendium Kulturmarketing, Hrsg.: Klein, A., München, S. 201-214.

Mayer, H. O. (2012): Interview und schriftliche Befragung, 6. Aufl., München.

Massi, M.; Harrison, P. (2009): The branding of arts and culture, in: *Deakin Business Review*, Vol. 2, No. 1, pp. 19-31.

McNiff, J.; Whitehead, J. (2011): All you need to know about Action Research, 2. ed., Los Angeles et al.

Meesedat, J. (2004): Wie Marken in Architektur übersetzt werden, in: manager magazin online, www.manager-magazin.de/unternehmen/artikel/0,2828,325319,00.html, letzter Abruf: 13.06.2012.

Meffert, H.; Burmann, C.; Koers, M. (Hrsg.) (2005): Markenmanagement, 2. Aufl., Wiesbaden.

Meffert, H.; Koers, M. (2005): Identitätsorientiertes Markencontrolling, in: Markenmanagement, Hrsg.: Meffert, H.; Burmann, C.; Koers, M., 2. Aufl., Wiesbaden 273-296.

Meiners, J. (2002): Facetten der Corporate Identity am Beispiel Freilichtmuseum am Kiekeberg, in: Mit gestärkter Identität zum Erfolg, Hrsg.: Dreyer, M.; Wiese, R., Ehestorf, S. 323-336.

MetaDesign (2013): Konzerthaus Berlin, www.metadesign.com/de/clients/konzerthaus-berlin, letzter Abruf: 14.8.2013.

Meuser, M.; Nagel, U. (1991): Experteninterviews, Opladen.

Meyer, H. (2008): Architektur als Marke, in: Das Museum als Marke, Hrsg.: John, H., Günther, B., Bielefeld, S. 115-128.

Migrationsbericht (2011): Migrationsbericht des Bundesamtes für Migration und Flüchtlinge im Auftrag der Bundesregierung, www.bamf.de/SharedDocs/Anlagen/DE/Publikationen/Migrationsberichte/migrationsbericht-2011.pdf?__blob=publicationFile, letzter Aufruf 16.05.2013.

MoMA (2013): Homepage, www.moma.org/about/, letzter Abruf: 14.8.2013.

Morhart, F. M; Herzog, W.; Tomczak, T. (2009): Brand-Specific Leadership, in: *Journal of Marketing*, Vol. 73, No. 5, pp. 122-142.

MQ (2013): Homepage, http://www.mqw.at/, letzter Abruf: 14.8.2013.

o.V. (2005): Nicht von Gestern, www.quent-pr.de/downloads/Mitschrift-PR-Salon_04-05.pdf, letzter Abruf: 14.8.2013.

o.V. (2013): Kostenlose Social-Media-Monotoring-Tools, http://www.onlinemarketingpraxis.de/social-media/kostenlose-social-media-monitoring-tools#Social-Web, letzter Abruf: 9.8.2013.

Olins, W. (2008): The Brand Handbook, London.

Overdick, T. (2008): Erlebnis Ausstellung, in: Qualität, Güte, Wertschätzung, Hrsg.: Dreyer, M.; Wiese, R., Ehestorf. S. 149-166.

Peter, J. (1979): Reliability, in: *Journal of Marketing Research*, Vol. 16, No. 1, pp. 6-17.

Peter, J. (1981): Construct Validity, in: *Journal of Marketing Research*, Vol. 18, No. 2, pp. 133-145.

Pieper, K. (2006). Die Musealisierung des Holocaust, Köln.

Pine, B. J.; Gilmore, J. H. (1998): Erlebniskauf, München.

Prokop, J. (2008): Corporate Design für Museumsmarken, in: Das Museum als Marke, Hrsg.: John, H.; Günter, B., Bielefeld. S. 83-114.

Qype (2013): Pergamonmuseum, www.qype.com/place/346-Pergamonmuseum-Berlin, letzter Abruf: 30.5.2013.

Raffelt, U. (2012): Architectural Branding, München.

Raffelt, U.; Littich, M.; Meyer, A. (2011): Architectural Branding as Brand Communication, in: *Marketing ZFP – Journal of Research and Management*, Vol. 33, No. 3, pp. 247-256.

Reinecke, S.; Janz, S. (2007): Marketingcontrolling, Stuttgart.

Rentschler, R. (2001): Is Creativity a matter for Cultural Leader", in: *International Journal of Arts Management*, Vol. 3, No. 3, pp. 13-24.

Reuband, K.-H.; Mishkis, A. (2005): Unterhaltung versus Intellektuelles Erleben, in: Jahrbuch für Kulturpolitik 2005, Hrsg.: Institut für Kulturpolitik der Kulturpolitischen Gesellschaft, Essen, S. 235-250.

Riffe, D.; S. Lacy; F. G. Fico (2005): Analyzing Media Messages, Mawah.

Rohde, T. (2007): Museumsmarke und Markenpersönlichkeit, Marburg.

Rothe, J.; Harvey, M.; Jackson, C. E. (1997): The marketing audit, in: *Journal of Marketing and Theory and Practice*, Vol. 5, No. 3, pp. 1-16.

Salinas, G. (2009): The International Brand Valuation Manual, New York.

Schaffrinna, A. (2013): Designtagebuch, www.designtagebuch.de, letzter Abruf: 2.5.2013.

Schein. E. H. (2004): Organizational Culture and Leadership, 3. ed., San Francisco et al.

Scheurer, H.; Spiller, R. (Hrsg.) (2010): Kultur 2.0, Bielefeld.

Schirn (2013a): Homepage, www.schirn.de, letzter Abruf: 14.8.2013.

Schirn (2013b): SchirnMAG, www.schirn-magazin.de, letzter Abruf: 14.8.2013.

Schmid, U. (2010): Das Social-Media-Engagement deutscher Museen und Orchester, Frankfurt.

Schmid, U. (2011): Social-Media-Engagement deutscher Museen und Orchester, in: Social Media im Kulturmanagement, Hrsg.: Janner; K.; Holst, C.; Kopp, A., Heidelberg, S. 413-418.

Schmidt, G. (2009): Organisation und Business Analysis, 14. Aufl., Gießen.

Schnell, R.; Hill, P.; Esser, E. (2011): Methoden empirischer Sozialforschung, 9. Aufl., München.

Scholz, C.; Müller, S.; Eichhorn, F. (Hrsg.) (2012): Mitarbeiterbefragung, München.

Scott, C. (2000): Branding, in: *International Journal of Arts Management*, Vol. 2, No. 3, pp. 35-39.

Shuchmann, A. (1959): The marketing audit, in: Analyzing and Improving Marketing Performance, Eds.: Newgarden, A.; Bailey, E. R., New York, pp. 11-19.

Slater, A. (2004): Revisiting Membership Scheme Typologies in Museums and Galleries, in: *International Journal of Nonprofit and Voluntary Sector Marketing*, Vol. 9, No. 3, pp. 238-260.

Stankowski, A. (2002): Das visuelle Erscheinungsbild der Corporate Identity, in: Corporate Identity, Hrsg.: Birkigt, K.; Stadler, M. M.; Funck, H. J., 12. Aufl., München, S. 191-206.

Statista (Hrsg.) (2012): Entwicklung der Anzahl von Museen in Deutschland von 2002 bis 2010, http://de.statista.com/statistik/daten/studie/2821/umfrage/entwicklung-der-anzahl-von-museen-in-deutschland/, letzter Abruf: 24.4.2013.

Statistisches Bundesamt (2013): Ankünfte und Übernachtungen, www.destatis.de/DE/ ZahlenFakten/Wirtschaftsbereiche/BinnenhandelGastgewerbeTourismus/Tourismus/Tabellen/AnkuenfteUebernachtungenBeherbergung.html, letzter Abruf: 2.5.2013.

Strödter, K. (2008): Markencommitment bei Mitarbeitern, Gießen.

Taghian, M.; Shaw, R. N. (2008): The Marketing Audit and Organizational Performance, in: *Journal of Marketing Theory and Practice*, Vol. 16, No. 4, pp. 341-439.

Target Group (2012): Jahresbericht targetreport, Nürnberg.

Tate (2013a): Homepage, www.tate.org.uk/, letzter Abruf: 14.8.2013.

Tate (2013b): Tate Youtube-Kanal, www.youtube.com/user/tate, letzter Abruf: 14.8.2013.

Tate (2013c): Facebookseite von Tate, www.facebook.com/tategallery, letzter Abruf: 14.8.2013.

Tate (2013d): Twitter-Account von Tate, https://twitter.com/Tate, letzter Abruf: 14.8.2013.

Tauchnitz, J. (2004): Publikum im Rampenlicht 2004, Cottbus.

Teherani, H. (2004): Mythos Marke, in: manager magazin online, www.manager-magazin. de/unternehmen/artikel/0,2828,316169,00.html, letzter Abruf: 13.06.2012.

Tripadvisor (2013): Pergamonmuseum, www.tripadvisor.de/Attraction_Review-g187323-d190527-Reviews-Pergamon_Museum-Berlin.html, letzter Abruf: 30.5.2013.

Trivago (2013): Pergamonmuseum, www.trivago.de/berlin-8514/museum/pergamonmuseum-98699/hotelbewertungen, letzter Abruf: 30.5.2013.

Tscheulin, D. K. (1994): "Variety-seeking-behavior" bei nicht habitualisierten Konsumentenentscheidungen, in: *Zeitschrift für Betriebswirtschaftliche Forschung*, 46. Jg., H. 1, S. 54-62.

Urde, M. (1999): Brand Orientation, in: *Journal of Marketing Management*, Vol. 15, No. 1-3, pp. 117-133.

Urde, M.; Baumgarth, C.; Merrilees, B. (2013): Brand orientation and market orientation, in: *Journal of Business Research*, Vol. 66, No. 1, pp. 13-20.

Vallaster, C.; de Chernatony, L. (2005): Internationalisation of Service Brands, in: *Journal of Marketing Management*, Vol. 21, No. 1/2, pp. 181-203.

Vitra Design Museum (2013): Homepage, www.design-museum.de, letzter Abruf: 14.8.2013.

Vogelsang. A.; Minder, B.; Mohr S. (2011): Social Media für Museen, Luzern.

Völckner, F. (2003): Neuprodukterfolg bei kurzlebigen Konsumgütern, Wiesbaden.

Voss, G. H.; Voss, Z. G. (2000): Strategic Orientation and Firm Performance in an Artistic Environment, in: *Journal of Marketing*, Vol. 64, No. 1, pp. 67-83.

Wäger, M. (2010): Grafik und Gestaltung, Bonn.

Wallace, M. A. (2006): Museum Branding, Lanham et al.

Watzlawick, P.; Beavin, J. H.; Jackson, D. (2003): Menschliche Kommunikation, 10. Aufl., Bern et al.

Welling, A.; Roll, S.; Reden, F. von; Otten, M.; Christ, M.; Frucht, S. (2007): Förder- und Freundeskreise der Kultur in Deutschland, Berlin.

Wheeler, A. (2006): Designing Brand Identity, 2. Aufl., Hoboken.

Wilson, A. (2002): The Marketing Audit Handbook, London.

Wintergarten (2013): Homepage, http://www.wintergarten-berlin.de/, letzter Abruf 14.8.2013.

Youker, B. W. (2010): The Logic of Evaluation and Not-for-Profit Arts Organizations, in: *International Journal of Arts Management*, Vol. 12, No. 3, pp. 4-12.

Zeplin, S. (2006): Innengerichtetes identitätsbasiertes Markenmanagement, Wiesbaden.

Zulauf, J. (2012): Aktivierendes Kulturmanagement, Bielefeld.

Printing: Ten Brink, Meppel, The Netherlands
Binding: Ten Brink, Meppel, The Netherlands